100세시대의 인생 로드맵 부활

100세시대의 인생 로드맵 부활

·조용상 지음·

나무한그루

인생은 한 번이 아니다

마침내 나는 자유로워졌다.

이제 나만의 시간을 향유할 때가 왔다.

내 인생의 한 장이 끝나고 새로운 장이 시작되고 있다.

우리는 평생을 일을 하면서 살아왔다.

공부를 하고 돈벌이를 하며 경쟁 하면서 살아왔다.

그런데 앞으로는 그렇게 하지 않고도 살 수 있는 시간이 주어

졌다. 그런 시기는 어떤 의미가 있는지, 어떻게 보내야 하는지,

생각하지 않으면 안 된다.

'퇴직' '은퇴' '노후'.

이런 말들은 경쟁사회에서 생존할 때 쓰는 말이다.

노후라고 하지만 앞으로 30년을 생각해보자.

그때는 이 말을 하고 있는 지금이 가장 젊은 때일 것이다.

그때는 지금의 이런 일들이 무슨 의미가 있겠는가?

은퇴 퇴직 그런 것들을 거쳐서 우리는 새롭게 시작할 수 있다.

은퇴 후 생활이 막막한 것은 지금 내가 생각을 막연하게 하고 있고 준비를 하고 있지 않기 때문이다.

은퇴하면 곧 바로 '노후생활'에 들어간다고 말한다.

그것은 잘못된 생각이다.

은퇴 후는 오히려 치열하게 성공한 사회인으로 살기 위하여 잊었던 꿈, 바로 그 꿈을 실현하고 살 때다.

더 이상 누구의 눈치를 볼 때도 아니다.

나 자신의 욕구를 따라 진정으로 자기만족을 추구하는 시기로 살아야 한다.

내가 좋아하고 내가 보람 있다고 여기는 바로 그런 것들을

하며 살아야 한다.

인생에 전성기는 없다.

봄, 여름, 가을, 겨울.

어느 때가 전성기고 어느 때가 쇠퇴기인가?

봄이 탄생기고 겨울이 쇠퇴기라면 그 다음에 오는 봄은

무엇이란 말인가?

내년 봄에 피는 꽃을 늙은 꽃이라고 하지 않듯이,

나무는 한 나무지만 매년 새로운 잎을 피워 올리듯이,

모든 살아있는 것들은 그렇게 스스로 부활한다.

인간도 생명이 있는 한 끊임없이 성장하고 태어난다.

인생은 한 번이 아니다.

지난 세월을 돌이켜보니

내가 나를 남 보듯이 다뤄왔다.

내가 나에게 무책임한 짓을 저질렀다.

그렇게 보낸 나의 인생이 안타깝다.

그런데 나만의 시간을 위한 로드맵도 그려놓은 게 없다.

그러니 앞으로 남은 수많은 날들은 또 어떻게 보낼 것인가?

부활의 시기에 맨토는 없다.

그러나 내 인생에 대해서는 나만큼 아는 사람이 없으니

내가 내 인생의 고수다.

그동안 살아오면서 우리가 알지 못하는 것보다

알고 있지만 외면하고 있는 것들이 더 많다는 사실을

절실히 깨닫고 있다.

우리가 외면하고 있던 것들,

그것을 깨우치고 눈을 크게 뜨고 받아들이자.

'여생' '노후' 등의 소극적인 단어로 표현되던

'정년 후의 인생' '노후대책'을 말하자는 게 아니다.

이제부터 새로운 우리의 삶이 태어나는 것이다.

이제부터 또 다른 우리의 인생이 시작하는 것이다.

이제 다시 시작하는 법을 배우자.

그렇게 나를 '부활'시키자.

나의 첫 번째 책, '성공으로 가는 베이스캠프 《생존력》'은 지금 현장에서 뛰고 있는 후배들에게 주는 '원 포인트 레슨'이었지만, 이 책은 숨 가쁜 인생 전반기를 마치고 새로운 후반생을 맞이한 모든 이들을 위한 여행길의 안내서, 가이드의 역할이 되

기를 바라는 마음을 담아서 썼다

　같은 길을 가는 동행자로서 여행길에 필요한 것들을 정리하고
안내하였다

　'무엇을 하라!' 투의 말은 하지 않으려 노력했다.

　그저 하자고 했다.

　나도 함께 가겠다는 뜻이다.

2011년 8월

달뫼산 기슭
수희령(樹喜伶)에서

|Contents|

chapter 2   아직 무대는 끝나지 않았다

chapter 3 부활의 무대를 즐기다

chapter 4

부활의 완성, 건강

RE

부활의 시간, 리허설은 끝났다

꿈을 꾸자.
이 봄이 다 가기 전에 나른한 봄날의 꿈을 꾸자.
봄날은 간다.
아무것도 하지 않아도 나의 봄날은 간다.
인생을 두 번 사는 출발,
다시 태어나고 다시 사는 부활,
이제껏 살아온 것은
이 '찬란한 부활'을 맞이하기 위한 훈련이고 준비였다.

VIVAL

봄은 언제나 다시 온다.

꽃피는 때가 봄이고 열매 맺는 때가 청춘이다.

꽃을 피우는 나무는 언제나 푸르다.

늘어지게 낮잠 자다가

문득 정신을 차리고 깨어보니

어느덧 해가 뉘엿뉘엿 지고 있다.

부활,
그 화려한 봄날의 꿈

Revival

무엇이 되려는 꿈이 아니라
무엇이 하고 싶은지를 꾸는 꿈,
꿈을 꾸자,
이 봄이 다 가기 전에 나른한 봄날의 꿈을 꾸자.

'꿈을 찾는 게 꿈' 이었던 지나온 시절.

무엇을 가지고 무엇이 되어야 하는,

그런 것들이 꿈이었던 시절.

좋은 직업이 꿈이었고 많은 재산이 꿈이었다.

그 시절은 꿈꾸는 것도 경쟁이었고

누구나 똑같은 꿈을 꾸었다.

이제 부활의 시기를 맞이하여 우리는 각자 자기만의 꿈을 꿀
수 있게 되었다. 무엇이 되려는 꿈이 아니라, 무엇이 하고 싶은

지를 꾸는 그런 꿈을 꾸는 시기를 맞이하였다. '꿈꾸는 부활의 시기'를 맞이한 것이다.

부활의 시기는 진리에 다가가는 마지막 관문이다.

참다운 삶을 살 수 있는 마지막 기회다.

이 문이 닫히면 더 이상의 문은 없다.

오로지 죽음의 문턱만이 남아있을 뿐이다.

낭비하고, 머뭇거리고, 따지고, 헤맬 여유가 없다.

내게 남은 시간은 얼마 없다.

그것도 온전히 쓸 수 있는 시간이라면 더더욱 짧다.

이 시기에 우리는 스스로에게 메시지를 던져 놓고

그 메시지에 따라 자신의 꿈을 실현시키며 살아가야 한다.

매일을 그렇게 살 수 있어야 한다.

일신우일신(日新又日新)

매일 매일이 새로운 하루여야 한다.

내일은 오늘과 다른 날이다.

오늘 나는 나 자신에게 어떤 메시지를 던질 것인가?

앉은 자리에서 꿈만 꾸는 사람들,

삶에 치여 행복을 좇지 못하는 사람들이야 말로 불행하다.

죽을힘을 다해 공부는 하면서,

죽을힘을 다해 일은 하면서,

정작 죽을힘을 다해서 행복해지려는 노력은 왜 하지 않는가?

퇴직 후에 대하여, 노년에 대하여는 서로 말하지 않는다.

오로지 걱정만 할뿐이고 '어떻게 되겠지' 하면서 눈을 감고 있다.

"산다는 게 다 그런 거지, 인생 뭐 있어?"

그렇게 하루하루 흘려보내고 있다.

부활의 계절은 새봄이다.

부활은 낡은 것들의 재생(再生)이 아니라 새로움의 탄생이다.

구태의연(舊態依然)한 것들의 반복이고, 구차한 인생을 연명하

자는 것이 아니다. 부활의 시기는 이제까지 보지 못했던 새로운

잎과 꽃을 피우는 내 인생의 새로운 봄날이 되어야 한다.

꿈을 꾸자.

이 봄이 다 가기 전에 나른한 봄날의 꿈을 꾸자.

봄날은 간다.

아무것도 하지 않아도 나의 봄날은 간다.

인생을 두 번 사는 출발,

다시 태어나고 다시 사는 부활.

이제껏 살아온 것은

이 '찬란한 부활'을 맞이하려는 훈련이고 준비였다.

무엇인가를 시작할 때 부활은 시작된다

Revival

지난날을 바꾸기에는 늦었지만
새로운 삶을 시작하기에는 결코 늦지 않았다.

꿈은 사물을 구체적으로 보게 한다.

꿈이 없으면 그냥 흘려보냈을 것들이,

꿈을 꾸었기에 눈에 들어온다.

희망을 가지고 계획을 세우면 꿈에서도 볼 수가 있다.

꿈을 꾸고 있으면 생각을 하게 되고

생각에 몰두하면 생각이 고인다.

나이 먹을수록 더 많이 꿈을 꾸어야 한다.

꿈을 꾸고 있는 한 몸은 늙으나 정신은 성장한다.

멍청히 있지 말고 어떤 일이든 무슨 꿍꿍이든지

생각을 가지고 꿈을 꾸며 살자.

꿈은 희망이고 목표는 꿈을 향한 전략이다.

꿈이 있고 목표가 있으면 세상은 살만하다.

꿈을 꾸면 목표가 세워지고 목표가 있으면 길이 보인다.

때문에 꿈은 꾸어야 한다.

나이 먹을수록 꿈을 꾸고 살아야 한다.

"아니! 그 나이에?"

젊다고 하기엔 늦고 늙었다고 하기엔 이른, 좀 어정쩡한 나이에 다시 무언가를 시작하겠다고 나서면 다들 그렇게 말할 것이다.

"이젠 벌릴 때가 아니고 조용히 살 때다. 주책이다. 황당하다."

바로 이런 소리를 들을 때……, 시작하자.

죽을 때까지 꿈꾸는 것을 멈추지 말아야 한다.

꿈이란 현실을 이겨내게 하는 보약과 같다.

꿈이 있으면 무슨 일을 해도 견뎌낼 수가 있다.

꿈과 희망은 꾸는 대로 이루어지는 것이 아니고

맘은 먹는 대로 이루어지는 것이 아니지만

맘도 안 먹고 꿈도 꾸지 않으면

아무것도 이룰 수 없다. 더 살 이유도 없다.

꿈을 꾸고 있는 삶은 행복하다.

뭔가 기대하고, 꾸미고 있다면 지금을 이겨낼 수 있다.

미래에 대한 꿈이 없는 현재는

죽음의 고통을 살아서 맛보는 것과 같다.

꿈을 꾸는 사람은 행복한 사람이다.

일과 사랑과 꿈.

할 수 있는 일을 하고 있고, 사랑하는 사람이 있고,

꾸고 있는 꿈을 가지고 있으면 그것이 행복의 원천이다.

다시 꿈을 꾸기 시작하는 때, 그때 우리는 부활하는 것이다.

꿈을 품고 무엇을 할 수 있다면 그것을 시작하라.

새로운 일을 시작하는 용기 속에

당신의 천재성과 능력과 기적이 모두 숨어 있다.

－요한 볼프강 괴테

지난날을 바꾸기에는 늦었지만

새로운 삶을 시작하기에는 결코 늦지 않았다.

무엇인가를 시작할 때 그때부터 우리의 나이는 시작된다.

그때 우리는 끝을 바라보고 있는 것이 아니라

시작을 바라보고 있는 것이다.

부활은 환승역에서 새벽기차를 타고,

먼동이 트는 것을 바라보며 새날을 맞이하는 것과 같다.

이 시기에 결코 하지 말아야 할 일이 있다면
그것은 바로 아무것도 하지 않는 것이다.
다시 땅을 갈고 다시 씨를 뿌리고 다시 수확을 기다리는 것이
아무것도 하지 않는 것보다는 삶의 본질에 더 가깝다.

이제 다시 시작할 시간이고 다시 새로워질 시간이다.
우리에게 꼭 한 가지 인생이 주어졌다는 생각은 틀린 것이다.

향후 20년 내에 120살까지 사는 세상이 도래한다고 한다.
오래 사는 것은 문제가 아니고,
어떻게 살 것인가 얼마나 건강히 사느냐가 인생의 과제가 된다.
이 시기에 우리는 자유를 꿈꾸며 부활을 시작해야 한다.
남은 인생을 사는 것이 아니라 새로운 인생을,
반복적인 삶이 아니고 새로 태어난 인생을,
새로운 탄생, 새로운 삶이 시작되는 것이다.

무엇이든 시작하는 것은 가슴 설레는 일이다.
무엇이든 시작하는 것은 새 길을 가는 것이다.
다시 시작하는 데 필요한 것은 고독이다.

낡은 틀 속에서는 나를 찾을 수 없다.

이전의 나 자신과 연결된 끈을 끊어야 한다.

생각 같아선 이름도 바꾸고 살아보고 싶다.

이제와는 다른 이름으로 다른 길을 걸어보고 싶다.

새롭게 만들려는 용기, 낡은 틀은 벗어나려는 용기,

과거를 되풀이 하지 않으려는 용기.

용기는 늘 고독과 함께 시작한다.

노후는 없다. 노목도 없다.

봄은 언제나 다시 온다.

백년 묵은 고목도 봄이 되면 어김없이 새순을 올리고,

꽃을 피우고 열매를 맺는다.

꽃을 피우는 나무는 언제나 푸르다.

꿈을 가꾸며 아름다운 삶을 살아가는 사람은 언제나 청춘이다.

청춘이 따로 없다.

꽃피는 때가 봄이고, 꿈꾸는 때가 청춘이다.

꽃피는 나무는 언제나 살아 있다.

봄은 언제나 오지만 그 봄은 언제나 새롭고 처음 맞는 봄이다.

사랑이 우리 가슴 속에서 싹트는 순간,

겹겹으로 닫혔던 우리 마음이 활짝 열리는 순간,

우리는 다시 태어난다. 이것이 탄생이고 부활이다.

사람의 삶도 꽃처럼 거듭거듭 태어날 수 있다.

늘 새롭게 피어나는 삶을 가꾸어야 한다.

－법정스님 〈산에는 꽃이 피네〉

아! 가능했구나! 가능하구나!

이것을 깨닫고 느끼는 것에서 새로운 출발과 부활은 시작한다.

과거를 안타까워하는 시간에 오늘부터 제대로 살도록 하자.

앞으로 남은 시간은 그 시간이 얼마가 되었던

지나온 수십 년의 과거에 비할 바가 아니다.

오로지 지금 그리고 내일만이 의미가 있는 것이다.

알차게 즐겁게 하루하루를 꽉 차게 살 수만 있다면

지난 과거 또한 전부 그렇게 된다.

등을 소파에 기대고 TV리모컨 돌리며

눈을 반쯤 감고서 막연히 생각에만 잠겨있지 말고,

지금부터라도 당장 벌떡 일어나 등을 곧추세우고,

발을 굳게 디디고, 눈을 똑바로 뜨고,

손을 힘차게 뻗으라.

이것이 진정한 부활의 시작이다.

목표를 세우는 것은 베이스캠프를 만드는 것이고

그 베이스캠프를 만들면 그때 우리의 꿈은 시작된다.

꿈은 나 혼자 꾸는 것이고

꿈은 자유를 먹고 잉태한다.

목표는 모든 사람들이 평가하고

모든 이들이 추구하는 보편적인 것이다.

꿈은 내 뜻대로 내 멋대로 그리고 만들고 즐기는 것이다.

꿈은 안에서 홀로 피고 영그는 것이다.

부활의 시기는 이렇게 꿈을 꾸고 꿈을 이루는 때다.

익숙한 것들과의 결별,
부활의 첫걸음

Revival

지나온 길을 자꾸 뒤돌아보면
앞길은 보이지 않는다.

"그때 조금만 잘 했더라면",

"내가 왜 그런 짓을 했을까?"

과거의 잘 나가던 때, 후회되는 것들을 붙잡고 늘어져 있으면
부활의 싹은 트지 못한다.

앞날에 대한 두려움보다도 더 무서운 것이

지나온 과거에 대한 미련이다.

지나온 길을 자꾸 뒤돌아보면 앞길은 보이지 않는다.

잃은 것에 미련 가지면 이미 게임은 진 것이다.

언제까지 그러고 있을 것인가?

툭툭 털고 일어나 새로운 맘으로 새 길을 씩씩하게 열고 나가야 한다. 부활의 길은 그때 비로소 열리기 시작한다.

습관과 타성에 젖은 일상의 중독을 해독하지 않고서는 부활이란 없다. 부활은 처음부터 다시 시작하는 것이다. 그것은 원래의 품성으로 돌아가는 것 즉 태생의 상태로 돌아가는 것을 의미한다.

우리는 원래 건강하고 완전한 신체와 심성을 부여받고 태어났다. 그랬던 우리가 살아오면서 오염되고 불량하게 된 것이다. 몸과 마음을 나쁜 환경에서 굴리고 잘못 경영한 결과다.

담배와 술을 끊는 것은 누구나 할 수 있지만 아무나 할 수 있는 것도 아니다. 누구나 할 수 있는 것을 할 때, 그때 나는 부활한다. 이젠 죽어도 안하겠다고 결심하고, 다람쥐 쳇바퀴 같은 인생 안 살겠다, 내가 하고 싶은 일을 하고 살겠다고 수없이 다짐하고 또 다짐한다. 그러나 어느새 또다시 반복하고 그 앞에서 서성이고 있다.

도시가 싫어서 훌쩍 떠나온 산속 깊은 곳이지만 사흘을 못 견디고 도시의 소음과 커피 맛이 못 견디게 그립다. 술 먹고 밤새 토한 날, 죽어도 술 안마시겠다고 작심하지만 사흘을 못 견디고 저녁 되면 술친구를 찾는다. 건강검진에서 이상 징후 발견한 후 확진판결이 나오기 전까지 수없는 개과천선의 바른생활을 결심하지만 아무 이상 없다는 말 듣고는 그 결심이 사흘을 못 버틴

다. 상처 받고 실패하고 좌절할 때 반성하고 후회하며 결심했던 그 모든 것들을 까마득히 잊고 만다.

언제 그런 생각을 했던가?

출세, 돈, 명예 등 맛볼 만큼 맛보고 겪을 만큼 겪은 후에 "이젠 두 번 다시 권력과 명예를 탐하여 추한 인생을 살지 않겠다. 이제 다시는 돈에 눈이 멀어 세상을 돈의 노예로 살지 않겠다."고 겨우 맘 잡고 다짐 또 다짐하건만, 사람들이 좋다는 자리를 추천받으면 "얼씨구, 좋다!" 하고 다시 그 유혹에 빠진다. 다시 그 옛날로 자기도 모르는 새 돌아가려고 하는 것, 바로 그것 때문에 말년을 추하게 보내고 인생의 참맛을 한 번도 제대로 느끼며 살아보지 못한 채 허무하게 탕진하게 되는 것이다.

산전수전 다 겪은 후에 이제부터는 맘 잡고 진실하게 잘 살아보자고 했으면 그게 정답이며, 그렇게 사는 것이 진정으로 용기 있는 삶이다.

새롭게 태어나기 위해서는 혼자만의 고독함을 두려워하지 않는 용기가 필요하다. 고독이라는 모험을 택하는 것은 나만의 시간을 충만하게 살아갈 수 있는 열쇠이기도 하다.

알을 깨고 나오는 것이 '새 생명의 탄생' 이듯이 '자신의 틀'

을 깨야 인간은 새롭게 시작할 수 있다. 화려하고 번잡한 곳에 언제까지나 머물면서 세상을 바라보기보다는, 천천히 달리는 기차를 타고 유유히 세상을 바라보면서 우리들의 이웃과 마주보며 살아야 한다. 그렇게 부활의 기차를 출발시켜야 한다.

사람의 무리 속에 섞이면 나는 없다. 사람이 세평(世評)에 노출되면 바람이 든다. 매스컴에 자주 나온 사람치고 변질되지 않은 사람 드물다. 역사는 달빛에 비추면 야사(野史)가 되고 햇빛에 비추면 정사(正史)가 된다고 한다.

성공하면 할수록 성공의 성 안에 갇혀서 자기 자신과 만나는 기회는 점차 줄어들어 간다. 성공한 사람들이 누리는 특권이라고 여기며 스스로 그 생활에 빠져들어 간다. 권력에 길들어져 어느 덧 중독에 빠져버린 것이다.

"일이 몰릴 땐 밥을 굶고 못자다가도 한가할 땐 마치 당장이라도 은퇴해야 할 것처럼 허무해지는 느낌을 반복적으로 겪는다."

슈퍼모델 출신의 어느 여자 모델이 하는 말이다.
경쟁하는 삶이란 누구나 그렇다. 최고경영자도 돈 많은 재벌조차도. 그래서 그들은 그런 공허함을 잊으려고 머리를 분주하게 굴리고 몸을 한시도 쉬지 않게 부리며, 그것에서 안전과 위로를 받으며 살아간다. 그러다 보면 그것이 삶의 전부인 것처럼 스스로 중독이 되어 살아가게 된다.

겉치레가 크면 허전함이 영수증이다.
화려한 조명이 꺼졌을 때 막 내린 무대처럼.
사소한 것에서부터 큰일에 이르기까지 끊임없이 거짓과 허세를 부리며 산다. 자신마저도 속이며 사는 데에 익숙하다. 잘 보이고 싶어서 그러는 것이다. 심지어 의사 앞에서도 거짓말을 한다. 그래서 병을 고치기가 쉽지 않다고 한다.

만남과 약속으로 스케줄이 꽉 찬 삶에서 벗어나야 한다. 돈 내버리고, 시간 버리고, 건강 버리는 웃기고도 허무한 습관성 인생 낭비, 이런 것들에서부터 당장 손을 떼야 한다. 골프, 술, 도박, 호화관광 등 값비싼 놀이, 사치한 옷, 돈 갖다 바치는 허영의 모임 등을 당장 내다버려야 한다.

그럼에도 불구하고 습관의 뿌리는 깊다.

'모임'의 스트레스는 사람들을 피곤하게 한다.
언제 어느 모임을 가보아도 항상 그렇고 그런 내용이다. 술 마시고, 밥 먹고, 시시한 잡담으로 옆자리하고만 말하게 된다. 먹는 데 아니면 모임이 안 되고 술이 없으면 대화가 안 된다.

술 좋아하는 사람이 아니라면 그 자리가 고역이다. 집에 돌아와서 생각하면 허탈하고 '괜히 갔구나' 하는 맘뿐이다. '어제 저녁은 좋았다.' 라고 말하는 그런 저녁모임은 많지 않다. 그런데도 사람들은 모임을 만들고 때 되면 어김없이 다시 간다.

모임이라는 게 다 그렇다. 송년회라는 것도 먹고, 마시고, 떠들고, 춤추고, 노래하고, 허망한 소리하고, 왁자지껄 떠들고, 싸우고, 2차 3차 헤매고, 술김에 헛짓하고, 옛날 버릇 나오고, 폭탄주 돌리면서 서로 상처받지 않으려고 잔머리 굴리는 시간이 된다. 뭔가 묘한 분위기 속에서 유대감을 다시 확인하는 그런 자리다.

소위 사회지도층이라 불리는 엘리트들의 송년회 모습도 이와 크게 다르지 않다. 장소만 조금 호화롭고 비싼 음식과 술을 먹고 마실 뿐 그 이상도 이하도 아니다. 마음 한구석에서는 '내가 지금 뭐하고 있는 거지?' '부질없다, 부질없는 짓이다' 하면서도 '사람 산다는 게 다 그런 거지, 뭐!' 하며 그냥 그렇게 계속한다.

"인생을 캐주얼하게 사는 방법을 아십니까? 뭐 간단합니다. 이렇게 가끔 마음 통하는 사람끼리 모여 이런 저런 이야기도 하고, 술도 적당히 마시면서 어지러운 세상에 관해 큰소리도 뻥뻥 쳐보는 겁니다. 내일이면 까맣게 잊을 그런 말들을요. 늘 새로운 변화를 꿈꾸면서 말입니다."

어느 모임을 알리면서 보내온 내용이다.

누구나 이런 마음으로 스스로를 위로하고 변명하면서 아직도 이 모임 저 모임을 바쁘게 찾아다닌다. 이제까지 만나 온 수많은 사람들과의 이런 저런 모임을 부활의 시기에도 변함없이 끌고 갈 것인가? 부활의 시기는 이런 것에서 자유로워야 한다. 새롭게 재편하여 새로운 관계설정을 해야 한다.

중독에서 벗어나면 새살이 돋는다.

사람들이 특별한 이유도 없이 왠지 불안하고 우울한 것은 아직도 건너뛰지 못한 채 망설이고 있기 때문이다. 이 다리를 건너 저 편으로 가면 분명 지금과는 다른 삶이 있다고 생각을 하면서도, 지금 디디고 있는 이편 땅에서 맛보던 것들에서 발을 거두기가 망설여져서 한 발은 이쪽, 한 발은 다리 위에 걸쳐 놓고 우물쭈물 어쩔 줄을 모르고, 그렇게 또 다시 아까운 내 인생의 눈금을 하나씩 지워나가고 있다.

부활의 첫 번째 무대 '자유'

Revival

자유란 우리가 좋아하는 것들의 노예가 되기 위하여
우리가 좋아하지 않는 것으로부터 자유로워지는 것이다.
—어니스트 벤

일을 마친 후에 하고 싶은 일을 할 수 있다면

그 인생은 행복하다.

일을 마치면 나는

무엇이 하고 싶은가를 꿈꾸면서 일을 하여야 한다.

그런 인생을 설계하여야 한다.

이제까지는 오로지 생계를 위한 근로의 시간을 보냈다면

이제부터는 삶을 위한 자유의 시간을 보내자.

인생에서 '해야 할 일'을 마쳤으니

이제는 '하고 싶은 일'을 하고 살자.

그러면 정년이나 은퇴는 마침이 아니라
기다리고 기다리던 하고 싶은 일을 하게 되는 시작이고
기회가 되는 것이다.
바로 그런 오늘을 바라고 바라면서
그 길고 힘든 길을 걸어온 것이다.
그동안은 나만의 무대를 연출하기 위한 피나는 리허설이었다.

봄은 화려한 꽃을 피우고, 여름은 푸르른 잎을 만들고, 가을은 풍성한 열매를 맺고, 겨울은 봄에 필 겨울꽃눈을 껴안고 잠을 잔다. 우주의 사계(四季)는 그렇게 스스로 자유롭다.

마찬가지로 인간 또한 자신의 사계를 자연의 섭리에 따라 사는 것, 그것이 진정한 자유의 삶이다. 그런데 사람은 자연의 질서, 이것을 어기면서 살아갈 수밖에 없기 때문에 항상 불안하고 쫓기는 삶을 살아가게 된다. 사회라는 울타리가 생기면서 사회질서와 법에 따라야 하고, 경제생활을 하면서 시간에 따라 살아야 한다. 자연의 리듬에 따라 사는 게 아니고 인간이 만든 '규율'에 맞추어 사는 것이다.

진정한 자유를 원한다면 자연의 순리에 따라 사는 것을 목표로 삼아야 한다. 일어나고 싶을 때 일어나고 자고 싶을 때 자는 것, 그것이 바로 자연법칙에 따라 사는 대표적인 모습이다. 우리는 교육을 통하여 이러한 모습을 죄악시해 왔기 때문에 이렇게 사는 것이 두렵다. 현실을 살아가는 사람으로서는 환상적이고 어려운 일이겠지만, 부활의 시기에 우리가 꿈꾸는 삶, 자유의 삶은 이래야 한다. 인간은 누구나 자연의 일부로서 태어날 때부터 자유의 유전자를 몸 안에 지니고 있다. 자유란 너무나 당연한 것이고 스스로 그러한 자연의 원리이다. 단지 그것을 모르고 있을 뿐이다.

> 새장 속의 새가 자기도 날 수 있다는 것을 깨달았을 때의 자유로움,
> 우리는 원래부터 자유롭게 태어났다는 것을 모르고 살아간다.
> -스콧 니어링

사람들의 가장 기본적인 하루 행사는 먹고, 자고, 싸는 것, 이 세 가지다. 이 절차로부터 자유로울 때 비로소 우리는 가장 편안한 하루를 보낼 수 있다. 먹고 싶을 때 먹고 배가 고플 때 먹는 것이다. 정해진 시간이 되면 무조건 먹는 생존을 위한 섭생(攝生)이 아니라 내 몸이 원하는 때에 맞추어 자유롭게 먹는 것이다. 먹는 것이 일이 아니고 즐거움이 되는, 그렇게 먹는 것이다. 그래야 뱃속이 편하고, 속이 편해야 생활이 편하다. 이것이야말로 자연스러운 삶의 방식인 것을 우리는 잊고 살아왔다.

자유의 삶이란 내 맘이 내키는 대로, 내 몸이 원하는 대로, 자연스럽게 사는 것이다. 사회규범에 따르던 규칙적인 일과에서 내 몸의 생체리듬에 따라 움직이는 것이다. 그것이 자유로운 삶의 기초이고 부활의 출발이다.

평생을 돈과 명예를 탐하다 보면 잠시도 멈추지 않고 계속 그 쳇바퀴를 돌리고 살아야 하고, 그 굴레에서 쉽게 벗어날 수 없다. 자유야말로 인간의 존엄에 근거한 가장 큰 행복의 출발점인데 그러한 자유를 누리지 못하는 높은 지위의 사람도 많다. 그런 사람일수록 자유롭지 못한 것에 대해 자신이 특수한 입장이라서 그렇다고 자위하는 것이다.

"요즘 점심에는 3~4곳, 저녁때는 6~7곳 정도 송년모임에 참석한다. 송년회 모임에 가면 보통 한 곳에서 폭탄주를 서너 잔은 마셔야 한다. 12월 들어 지금까지 송년회를 간 곳이 250곳 정도인데 연말까지 얼마나 더 가야 할지 모르겠다. '내가 왜 이러고 사나?' 하고 때로는 한심하기도 하다."

어느 국회의원의 연말 모습이다.

왜 그러고 사는지?

나도 모르고 남도 이해 못하는 삶을 우리들은 살아가고 있다.

남의 입에 오르내리는 삶을 살 것이냐,

잊혀진 삶을 선택할 것이냐!

주목받고 사는 삶엔 자유가 없다.

연극배우의 긴장과 관객의 느슨함. 어느 쪽을 원할 것인가? 사람마다 오르가즘이 다르다. 자유로운 삶은 주목받지 않는 삶이다. 남의 눈에서 자유로운 그런 순간이 가장 자유롭다.

출세는 자유를 담보로 하여 얻는 것일 뿐, 시기하거나 억지로 탐할 것이 못된다. 세상의 박수와 시끄러움을 떠나면 의미가 없다. 주목받지 못하면 바로 시들어 버린다.

누구나 홀가분하게 모든 굴레에서 벗어나 자기 멋대로 살아가기를 그린다. 그러면서도 한편으론, 어느 날 갑자기 "이제부터 넌 자유다. 아무도 너를 구속하지도 부리지도 않는다. 네 스스로 너를 부리고 부양하라."라고 하는 그런 때가 올까봐 겁을 먹고 있다.

신임 임원 발표 전, 조직개편 발표 전, 승진승격 발표 전, 재계약 전, 때마다 불안에 떤다. 희망의 새해를 맞이한 것은 초등학생 때 이후론 사라지고, 그 자리엔 연말만 되면 불안해지는 습관적 연말증후군이 자리잡았다. 처진 테두리 안에서 그 굴레가 좀 더 느슨해지고 앉은 자리가 좀 더 양지바른 곳이면 좋겠다는 굴레 속의 편안함을 자유라고 착각하면서 사는 것이다. 안에 있으면 밖(자유)으로 나오려고 발버둥치고, 밖에 있으면 안(굴레)에 끼려고 애쓴다. 어슬렁거릴 시간도 두리번거릴 시간도 없었다.

진정 내가 원하는 것이 자유였던가?
자유를 그리며 자유가 두렵다.

아름다운 글로 많은 이들의 사랑을 받아오던 장영희 교수가 별세 얼마 전 당시의 소망을 이렇게 말했다.
"내일 원고 마감에 쫓기지 않았으면, 일과 전공에 관계없는 책을 읽을 수 있었으면……."
레오 톨스토이는 말한다.
"인간의 가장 큰 행복은 자유다. 우리는 무엇에든, 누구에든 속박되어 있다. 자유롭지 못하거든 그 원인을 자신 속에서 찾으라."

부활의 시기에 멘토는 없다. 내 인생에 대해서는 나만큼 아는 사람이 없으니 내가 내 인생의 전문가인 것이다.
인생의 부활기를 기쁨으로 이끌어 줄 수 있는 그런 것이 무엇인가를 결정하는 것은 바로 나 자신이다. 그런 것을 아는 것이 곧 '나 자신을 아는 것'이기도 하다. 그것에서 그 사람의 인생이 성공의 길로 가고 있는지 없는지가 결판난다.

부활의 시기에는 시한도 없고 기준도 없다. 언제까지 무엇을 하는 것이 중요하고, 출세하고 성공하는 것이라는 절대적인 평가도 없다. 오로지 기준은 내가 설정한 가치관과 인생관이 있을 뿐이다. 죽을 때까지 끝을 못보고 지루하게 매달리고 있어도 그게 내가 좋아하는 것이고, 그게 평생토록 질리지 않고 즐거운 것이라면 그것으로 충분하다. 하루하루 그것을 해 나가는 과정, 그 자체로서 만족하는 것이다. 그런 나의 삶에 생기를 주고 의미를 주는 것을 찾아내고 그것에 몰두하고 심취한다면 진정한 부활의 삶이다. 하고 싶은 것도 내가 정하고, 하는 것도 내가 하고, 그것을 즐기는 것도 내가 하고, 평가하는 것도 내가 하니, 모든 것이 자유롭다.

부활의 시기는 자유롭게 꿈을 꾸는 시기고 누구의 방해도 누구의 평가도 받지 않는, 그야말로 내 멋에 살고 내 꿈에 사는 시기이다. 이제 내 앞에 놓인 자유는 틀에 박힌 삶에서 벗어난 삶을 누릴 자유다.

참으로 불편한 시간이었다. 모든 것을 누리고 모든 것을 소유하고 모든 것을 즐기고 싶어 안달했다. 이제 게임은 끝났다. 마침내 우리는 등반을 끝냈고 끝없는 경쟁에서 살아남았으며 끝없는 자기 희생의 요구를 견뎌냈다. 이제는 삶을 즐겨도 좋다.

대통령직에서 물러나 고향으로 돌아온 날, 환영객 앞에 선 노무현 전 대통령이 입을 열었다.

"여러분 말 놓고 한 마디만 해도 될까요?"

참석자들이 "예" 라고 호응하자 그는 이렇게 소리내어 외쳤다.

"야, 기분 좋다!"

자유의 몸이 된 것을 기뻐하는 외침으로 들렸다. 우리는 자유를 위하여 인생을 사는 것이다.

누가 돈 벌었다, 누가 출세했다고 해도 샘도 욕심도 나지 않으며 그 소리가 귀에 남아 있지 않을 때, 비로소 자유롭다. 무슨 유혹을 해도 관심도 들은 척도 하지 않을 수 있는 날, 그날이 바로 자유로운 날이다. 하고 싶지 않은 것을 안 하고 사는 삶, 자연인으로 생활하고 사고하는 삶, 남의 발자국을 따르지 않고 스스로의 발자국을 내며 사는 삶, 죽음과 삶에 대하여 생각하며 사는 삶, 혼자서 사는 데 편안한 삶. 진정한 자유인의 삶이란 이런 것들이리라.

동굴 속 어둠에서 나와 대지의 빛을 받자. 스스로 가둔 울타리를 박차고 뛰어 나가자. 남들이 좋다기에 하는 일, 보이지 않는 줄에 묶여서 그 줄을 벗어날 줄 모르고 사는 삶, 줄에 묶이면 행동반경이 줄의 길이 안에 머물 수밖에 없고, 주는 밥만 얻어먹고 살 수 밖에 없다. 흡사 주막 강아지처럼 사육되면서…….

줄을 끊고 밥그릇을 박차야 한다. 자유로우면 두렵다. 무엇을 좋아한다는 것은 외로움을 동반하는 것이다. 좋아하는 만큼 외로움은 심해지는 것. 홀로 가는 길에 자유와 즐거움이 있다.

밖에 나가 별을 쳐다보고 오자.

별은 항상 그때 그 자리에 빛나고 있다.

우리는 모두 구렁텅이에 빠져 있다.

그러나 누군가는 하늘의 별을 바라보고 있다.

부활,
새로운 욕망의 시기

Revival

생존이 아니라 삶의 목적에 맞게 살아야 하는 시기,
성공이 아니라 자아실현이 목표가 되는 시기,
의욕은 살리고 욕심은 죽이며 살아야 하는 시기.

과거에 우리가 행한 모든 일들이 우리의 앞날을 결정한다면 새로운 것도 없고 변화도 없다. 후회는 현재 우리에게 주어진 시간을 즐겁게 보낼 수 없게 만든다.

이제는 새로운 욕망을 키우고 그 속에서 새로운 삶의 기쁨을 찾아내어 즐길 수 있어야 한다. 하늘은 인간에게 모든 가능성을 다 열어주었고 그것을 얻을 수 있는 힘을 내 안에 넣어 주었다. 진리는 가까운 곳에 있고, 지혜는 쉬운 것에 있다. 이것은 하늘이 우리 인간 누구에게나 쉽게 찾을 수 있도록 기회를 주신 숲 속의 보물찾기와 같은 것이다.

세상에서 가장 크고 가장 버리기 어려운 욕심은
'욕심을 버리는 것' 이라고 한다.
욕심을 아무런 욕심 없이 다 버릴 수 있다면
세상을 다 가질 수 있기 때문이다.
욕심을 버리려고 갈등에 빠져 살 것이 아니라
새로운 욕망을 꿈꾸고 그것을 즐겨야 한다.
우리의 욕망은 너무 획일적이었다.

함께 어울렸던 그들이 부유한 생활을 하고 있는 것을 보니 속
쓰리고 오늘의 자신이 초라하고 앞날이 불안하다. 그렇다고 내
가 못 먹고 못 사는 것도 아닌데 공연히 가까이 가서 키를 재 가
면서 스스로를 업신여기고 있다. 이런 것들로부터 자유로워야
한다.

난초 한 분에 십만 원인데 국화 한 분에 이천 원이다.
값싼 국화 한 분으로 가을향기가 방 안에 가득하다.
점심에 두 사람이 먹은 청국장 값이 만 원인데 저녁에 호텔에
서 먹은 저녁 값은 간단히 30만 원이 나왔다.
주말 골프비용은 한 사람이 적게 들어야 삼사십 만 원인데, 등
산은 버스 타고 가서 생수 한 병 사고, 김밥과 귤 몇 개를 사 먹
어도 만 원을 넘지 않는다.

골드먼삭스 CEO 브랭크인이 받은 보너스가 사상 최고인 638억. 스위스의 조각가 자코메티의 작품 '걷는 사람1'이 소더비경매장에서 6500만 파운드(약 1197억 원)에 팔렸다. 피카소의 그림 '파이프를 든 소년'이 1억 420만 달러에 경매된 일이 있다. 이 경우 이 돈의 적정성과 가치를 따지는 게 무슨 의미가 있을까?

우리들은 그런 세상을 살고 있다. 그러니 돈으로 삶을 평가하려 하면 승부가 나겠는가?

모든 사람이 같다고 생각하는 이런 가치관에서 한 걸음 떨어져서 자기만의 가치관을 지녀야 제대로 된 욕망의 삶을 걸을 수가 있다.

부활의 시기는
리빙(living)이 아닌 라이프(life)를 맞이하는 새로운 때다.
생존이 아니라 삶의 목적에 맞게 살아야 하는 시기,
성공이 아니라 자아실현이 목표가 되는 시기,
새로운 욕망의 시기다.

돈도 갖고 싶고 명예도 탐하려 한다면 그것은 헛된 욕심이고, 그런 맘보로는 막상 가져도 좋은 줄을 모른다. 돈은 상인처럼 많고 명예는 선비처럼 존경받으려 한다면 그것이야말로 헛욕심이다. 부활의 시기엔 어느 하나만 가지고 있어도 고맙고 행복한 일이다.

마음이 번잡(煩雜)한 것은 아직도 욕심이 가득하기 때문이다. 50대가 넘으면 코털과 눈썹이 더 잘 자라고 커진다. 이렇게 나이 먹으면 머리숱은 자꾸 적어지고 빠지는데 오히려 지저분하게 불필요한 것이 왕성해지는 경우가 있다. 나이 먹고 내는 욕심도 이처럼 추한 것이고 불필요한 것이다.

아직도 할 말이 많이 남아 있고
아직도 우물쭈물 망설인다면
아직도 헛된 욕심이 가득 찬 것이다.

남의 잘못이나 불행을 고소하게 여기는 심리상태를 독일어로 샤덴프로이데(schadenfreude)라고 한다. 불운(샤덴)과 기쁨(프로이데)의 합성어로 남의 불행이 곧 나의 기쁨이라는 뜻이다.

우리는 잘 나가는 사람들이 추락하는 모습을 보면서 기분 좋아한 적이 어디 한두 번이었던가? 언제까지 이런 맘보를 가지고 살 것인가? 생각해 보면 끔찍하고 부끄럽다. 일시적인 즐거움이나 안도감을 느꼈을지언정 그렇다고 그것이 나를 행복하게 하였던가?

부활의 시기에는 의욕은 살리고

욕심은 죽이면서 살아야 한다.

삶의 의욕은 더욱 깊고 알차게 살리고

물에 대한 욕심은 버리고 죽이고 살아야 할 때다.

내 인생
최고의 날, 오늘

Revival

매일매일이 내 인생의 전부다.
내 인생에서 오늘이 가장 젊은 날이다.

매일매일 인생을 또다시 새로 시작한다.

태양이 아침에 뜨고 저녁에 지면서 하루를 마감하듯이 우리의
인생도 매일매일이 내 인생의 전부인 것이다. 언제나 지금이 '내
인생의 절정기'라는 생각, 그곳에서 희망이 싹트고 희망은 기적
의 뿌리를 뻗는다.

신록을 바라다보면
내가 살아있다는 사실이 참으로 즐겁다.
내 나이를 세어 무엇하리.

나는 지금 5월 속에 있다.

−피천득의 〈수필〉 중에서

우리는 매일을 새롭게 살 수 있다. 우리는 매일을 즐겁게 살 수 있다. 매일의 시간 속에서 아름다운 행복의 '싹'과 '열매'를 즐길 수 있다. 그 간단한 것들을 지레 겁먹고 어렵다고 생각하면서 살아왔다.

"인생 100년 그리고 7일." 스웨덴 사람들이 하는 말이다. 100살까지는 인생을 즐겁고 충실하게 보내다가 세상 뜨기 전 7일 동안만 주위 사람의 보살핌을 받다가 숨을 거둔다는 의미란다. 이와 비슷한 말로 우리나라에서도 최근에 유행하는 말이 있다. 구구팔팔이삼사(9988234). 99살까지 팔팔하게 살고 이삼일 누웠다가 죽는다는 말이다.

노는 것도 일이다. 성공한 인생은 삶을 재밌게 즐기며 살아온 사람들의 것이다. 우리가 내 삶에 솔직해지면 진리에 가까워진다. 놀기 위해 일찍 은퇴를 하는 것도 중요한 선택 항목이 되어야 한다. 노는 것 우습게 여기지 말자. 재밌게 사는 것이 인생의 목표가 되어서는 안 될 일이 무엇인가?

"죽을 때까지 건강하게 살고 싶다. 보람찬 삶을 살고 싶다."

누구나 꿈꾸는 이상적인 삶이다. 이렇게 할 수만 있다면 얼마나 행복한 일인가? 죽음이란 내가 정해놓을 수도 없고 장담할 수도 없는 운명적인 것이므로, 오래 사는 것이 목적이 아니라 잘 사는 것이 행복인 그런 삶을 살아야 한다. 그런 삶은 매일매일의 삶을 즐겁게 건강하게 보람차게 꽉 채워서 사는 것이다. 그런 삶은 오늘 하루를 잘 사는 것이다. 오늘 하루를 낭비 없이 사는 것이다. 죽을 때 하는 후회가 '그때라도 했더라면…' 이라면 그 인생은 정말로 후회막급의 인생이다.

우리의 과거는 바꿀 수 없지만 앞으로의 생활은 바꿀 수 있다. 지금부터라도 늦지 않다. 목표를 세우고 꿈을 가지고 그것을 실천하면 된다. 오늘부터의 생활이 밝고 충실하다면 지난 세월은 모두 좋은 추억으로 바뀔 것이다.

부활의 시기는 또 다시 깨닫는 것만이 아니고 그것을 실천에 옮기는 것이다. 깨달았으면 바로 지금 시작하는 것이다. 내 인생에서 오늘이 가장 젊은 날이다.

우리는 매일 죽고 매일 태어난다. 삶은 기적이다. 세상 일 다 잊고 잠을 몇 시간 잔 뒤 아침에 깨어나는 것이 기적이 아니냐? 그냥 영원히 잠들 수 있을 텐데도 말이다. 그래서 하루를 일생으로 생각할 수 있는 것이고 감사기도를 드리며 일기를 쓰는 것이다. 잠에서 깨

어 일어서는 것이 독립(獨立)이고, 덤으로 갖게 된 자신의 하루를 잘

쓰는 것이 자유(自由)다.

─다석 유영모(1890~1981, 함석헌의 스승)

오늘을 감사하고 인생의 여정을 즐기자. 현재를 감사히 즐기고 음미하는 것, 그것이 행복의 기초가 아니겠는가. 살아가는 매 순간마다 감사함을 찾자. 모든 문제가 해결되고 평온한 상황이 될 때까지 인생의 감사와 기쁨을 미루다 보면 평생을 걱정의 숲에서 헤어나지 못한다. 걱정과 문젯거리가 해결되어야만 감사할 수 있고 행복한 것으로 착각하면, 평생 감사와 행복은 우리 손에 잡히지 않는 무지개가 되고 말 것이다.

'고맙습니다'는 고마움을 느낀 바로 그 순간 말해야 한다. 받은 감사에 대한 영수증과 같다. '미안합니다'는 때를 놓치면 뜻하지 않게 오해를 받게 된다. 때를 놓치지 말자. '사랑합니다'는 상대가 떠나고 나면 그 말을 못해서 평생 후회하게 된다.

할 수 있을 때 하자. 지금이 바로 그때다. 종점이 다가온다고 불안해 하지 말라. 인생에 종착역은 없다. 부활의 역에서 우리는 새로운 길을 향해 갈아탄다.

처음에 나는 내 그림을 꿈꾼다

그 다음 나는 내 꿈을 그린다.

First I dream my painting

then I paint my dream

−빈센트 반 고흐

오늘이라는 것은,

내 목숨과 맞바꾼 하루치 나의 인생이고,

내가 살아온 마지막 날이고 내가 살아갈 첫날이다.

어제 죽어간 사람들이 그렇게 살고 싶어 했던 내일이다.

늦기 전에,
더 늦기 전에

Revival

더 늦기 전에 무엇인가에 미쳐 보자.
지금도 늦지 않다.
지금이 바로 그때다.
아무 일 하지 않아도 세월은 간다.

학교 다닐 때는 머리 싸매고 공부에 열중했고 사회에 나와서는 일에 매달려 앞만 보고 달려왔다. 문득 뒤를 돌아보니 허전하고 무의미한 생을 산 것 같아 덧없이 느껴지고, 어느덧 남은 생이 얼마 안 남았다고 생각하니 갑자기 초조하고 서글퍼지는 그런 나이가 되었다. 정작 인생을 여유롭게 즐기며 살아야 할 시기에 빈손이다.

정신없이 살았다는 것은 음식을 맛도 음미하지 않은 채 씹지도 않고 넘긴 것과 같다. 배 채우기 위해 먹고 오직 그런 먹을거리를 마련하기 위해 일하는 인생은 동물과 다름이 없다. 그렇게 살다가 갈 것인가? 지나온 것을 생각해 보면 일순간이고 한때일 뿐이다.

지금까지의 모든 과정과 결과는 이제부터의 보람있고 즐거운 삶을 살기 위한 기반 다지기였다. 이제부터는 모든 영역에서 삶의 각본을 다시 써야 할 때가 왔다.

돈을 벌기 위한 생활에서 자신을 위한 생활을 확실히 구별해야 한다. 오로지 의미 있는 것은 바로 지금이고, 지금부터이다. 과거는 누구에게나 똑같다. 과거는 다리 밑을 통과하는 물과 같다.

모든 지나간 것들은 다가올 시간 앞에서 무릎을 꿇는다.

나이 50이 되어 돌아보면 49년이 헛되었도다(五十而知 四十九非).

종착은 동시에 시발이다.
달력을 한 장 한 장 뜯을 때마다
늙으면서도 나는 젊어지는 것을 느낀다.
－피천득

말은 많으나 생각이 없고 생각은 넘치나 행동이 없다.
보통사람들이 살아가는 방식이다. 나도 그렇게 살아왔다.
"내년엔 할 거야." 하면서 30년이 지났다.
'그것만 제대로 했더라면, 맘먹었을 때'

'그때 끝까지 해냈더라면, 지금쯤은…'
사람들은 후회는 할 줄 알면서도 그것을 반성하여
뭔가를 새로 시작하지는 않는다.
흐지부지하니 인생도 흐지부지 되었다.

앞으로 10년 후 내 모습은 또 어떻게 변해 있을까?
그 10년을 어떻게 살아야 하나? 나는 몇 살쯤 죽게 될 것인가?
아무 생각도 없이 그냥 닥치는 대로 살면 그건 희망을 포기하는
삶이다. 아무것도 하지 않고 아무 생각도 하지 않는 것이 가장
힘든 것이다. 자전거가 가장 위험할 때는 달리지 않고 멈춰 서
있을 때이다. 생각만 해도 가슴이 뛰고, 아무리 해도 힘들지 않
는 것 그런 것들이 무엇이던가? 바로 그런, 잊고 있었던 원래의
내 모습을 찾아나가는 것이 부활의 시기에 해야 할 일이다.

생각을 하면서 살아가자.

중년은 내리막길의 시작이 아니다. '인생 뭐 있나?'라고 함부
로 말하지 말자. 스스로 나이라는 족쇄를 채워놓고 그 족쇄 때문
에 할 수 없는 일이 너무 많다. 나이만 먹었다며 자조적으로 말
하곤 한다. 아무 일 하지 않아도 나이는 먹는다.

경남 거제 수협은 94년도부터 대구 알을 방류하기 시작했다. 80년대에 한 해 1만여 마리씩 잡히던 대구가 매해 줄어들더니 93년에는 한 마리도 안 잡혔기 때문이다. 그때부터 한 해도 빠지지 않고 외포 항 앞바다에 대구 인공수정란을 뿌렸다. 그 후 한 해 수십 마리씩 잡히던 대구가 2천년 들어 수만 마리까지 불어났다. 2007년에는 33만여 마리가 잡혔고 그 후 계속 늘어나고 있다. 그 결과 외포 항 주민들의 한 해 가구 당 매출이 5천만 원에 달했다. 겨울철 석 달 동안 일해서 일 년을 살게 된 것이다. 그것은 기적이 아니었다. 그들은 뿌린 씨를 거둔 것뿐이었다. 그런 열매를 기다리지 못하는 사람은 별 다른 일도 하지 않으면서 항상 말한다.

"그게 어느 세월에 자라서 먹을 수 있겠어?"

아무 일 하지 않아도 세월은 간다.

남들이 부러워할 만큼의 재력과 재능을 가지는 것은 쉬운 일이 아니지만, 이제부터라도 제대로 재미있게, 행복과 함께 사는 것은 별로 어렵지 않은 일이다. 어떤 사람은 걸어서 세계 일주를 8년째 하고 있는데, 나라는 사람은 내가 다니는 회사를 한 번도 걸어서 가 본 일도, 내가 자란 고향마을도 걸어서 가 본 일이 없다. 52살의 캐나다인은 12년 계획으로 8년째 걸어서 세계를 돌고 있다. 53번째 나라인 한국에서는 한 달 정도의 일정으로 판문

점에서 해남 땅끝 마을까지 걸을 예정이란다.

그가 말하는 이유는 단순하다.

"중년의 위기(mid-life crisis)가 닥쳐와서요. 뭘 해도 행복하지 않았어요. 어느 날 문득 걸어서 세계대륙을 여행하자는 생각이 떠올랐어요. 미친 짓인 줄 알았지만 벗어날 수가 없었어요."

생각만 해도 가슴이 뛰고 미치도록 좋아할 수 있는 것을 찾아 씨를 심고 싹을 틔우자. 하고 싶은 일이 있다면 하고 싶다고 생각하는 지금이 바로 그때다. 나이는 상관 없다. 지금 내가 몇 살이든, 하고 싶은 일이 있다면 지금 바로 하라. 하고 싶은 일을 하며 사는 인생이 좋지 않겠는가? 다른 사람들의 비판은 신경 쓰지 마라. 가고 싶은 곳을 가라. 아무것을 안 해도 시간은 간다.

언제까지 생각만 하고 맘만 먹고 있을 것인가? 부활의 시기는 겁날 게 없다. 해 보고 맛보고 즐겨보자. 남은 인생 앞으로 몇 번이나 즐길 것인가? 한 번 한 번을 귀중하게 누리자. 어느 날 갑자기 '당황하고 불안'한 그때, 어느덧 세월이 훌쩍 떠나버렸다고 아쉬워하는 그때, 지금도 늦지 않다. 지금이 바로 그때다. 시작하라.

즉시현금(卽時現今) 갱무시절(更無時節).

지금이 바로 그때다. 때는 다시 돌아오지 않는다.

모래시계의 마지막은 순식간에 사라지듯이, 그렇게 흘러갈 나의 세월, 아까운 인생을 그냥 흘려보낼 수 있는가? 하루하루가 인생의 마지막 날인 것처럼 아껴 쓰고 소중히 다루고 정중히 보내자. 매일 눈을 뜨면 하늘을 보고 오늘 하루를 보내주셔서 '감사합니다.'라고 절하고, 기지개를 켜면서 나를 향하여는 '오늘도 잘 모시겠습니다.'라고 인사하고, 그런 오늘을 맞이하는 나는 "행복합니다." 하고 주문을 외면서 하루를 시작하자.

지난 세월을 돌이켜보면 수많은 기회가 눈앞을 왔다 갔다 하였다. 그것이 기회였는지도 몰라서 놓치고, 놓치고 나서 아쉬워하고 후회한다. 또다시 기회가 와도 놓치고, 알아도 주저하며 딴 생각하고 곁눈질하느라 몰두하지 못하고 흘려 보내버린다.

부활의 시기에 나에게 또 어떤 기회가 오고 있는가? 기회는 항상 있었고 또 다시 온다. 많은 이들이 기회가 없었음을 억울해하고 아쉬워 하지만 정말로 기회가 없었던 것일까? 우리가 정말로 원했던 기회라는 것은 실은 요행수가 아니었든가?

사람들은 변화를 꿈꾸면서도 해고나 암 선고, 혹은 가까운 사람들의 죽음 등, 인생이 철퇴를 가하기 전까지는 물끄러미 자신의 인생을 남 일 보듯 그냥 그렇게 보내버린다.

부활의 시기에는 '빈껍데기'로 살지 않기 위해서 용기를 내야 한다. 용기의 시작은 한 발짝 내딛고 움직이는 것으로 시작된다. 유연한 사고와 반대되는 말은 딱딱한 사고, 고루한 사고다. 그러나 실제로 더 안타까운 사고는 '게으른 사고'이다. 생각 자체를 하려고 맘조차 먹지 않는 무덤덤한 생활 태도와 자세, 이런 사람은 탐구심도 호기심도 없어서 스스로는 아무런 아이디어도 못 낼 뿐 아니라 한 번도 무엇을 어떻게 하자는 주장도 하지 않는다. 그저 남이 하자는 대로 할 뿐이다. 그러나 그조차도 잘 따라 하지 못한다.

11살 된 초등하교 5학년생이 KBS '퀴즈 대한민국'에서 역대 최연소로 우승하여 상금 4,100만 원을 거머쥐었다. 결승전에서 60세의 전직 초등학교 선생과 접전을 벌인 후 승리한 것이다. 그는 우승비결로 "평소 뉴스를 열심히 보고 책을 많이 읽었다."고 말했다. 쪼그만 게 뭘 안다고? 그런 소리 하지 말자. 늙어서 안 된다고? 그 말도 이제는 안 되는 시대가 된 것이다. 모든 정보와 지식은 나이 차이를 넘어서 누구에게나 공평한 시대가 되었다.

가수 왕 조용필은 40주년 기념 전국투어 콘서트를 앞두고 가진 인터뷰에서 이런 말을 했다. "TV에 계속 나가면 방송인으로 남겠지만 음악인으로 남기는 힘들다고 봤다." 그는 가수 왕 이후 텔레비전을 떠나는 용단을 내렸다. 그는 진정으로 뮤지션이 되고자 했던 것이다.

"55세가 되었을 때 가만히 생각했다. 난 뭘 할 때 가장 가슴이 뛰고 황홀할까? 여자와 와인을 마시며 대화를 나눌 때? 섹스나 마약? 아니었다. 맥박이 빨라지고 피가 뜨겁게 끓는 열기가 느껴질 때는 대자연 속에 있을 때였다."

그 후 그는 전 세계를 여행했다. 전 세계를 돌고 돌던 그가 발견한 천국은 울릉도였다. 그는 오랫동안 살던 미국을 떠나 울릉도에 터를 잡고 거기서 더덕농사를 짓고 산다. 더덕밭 가운데 놓인 의자에 앉아 철학책을 읽는 64세의 남자, 왕년에 유명했던 가수 이장희다.

부활의 시기에 버려야 할 것은 욕심이지 호기심이 아니다. 호기심마저 없애면 무미건조한 인생을 살게 된다. 무엇이든지 알아보고 해보고 겪어보려는 호기심의 안테나를 한껏 올리고 부지런히 생각을 일으켜야 한다. 그런 삶을 새롭게 시작하여야 한다. 호기심도 탐구심도 없이 생각을 나른하게 한 채로 매일매일을 죽이며 사는 것은 자신의 인생을 헛되이 죽여 내버리는 것과 다르지 않다.

　평범한 하루가 또 이렇게 저물고 있다.
　우리는 살면서 '엊그제 같은데' 하며 감상에 젖는 일이 많다.
　아련하고 좋은 추억이든, 후회 섞인 회한의 소리든…….
　지난 세월 돌이켜보니 10년, 20년 눈 깜짝할 사이에 흘러갔다.
그런데 앞으로의 10년, 20년은 더 빨리 갈 것이다. 그런 엊그제
를 회상하는 우리는 또 얼마의 시간이 흐른 뒤에 무엇을 가지고
'바로 엊그제 같은데 세월 참 빠르다.' 라는 소리를 하게 될 것인
가?

그때는 왜
몰랐을까?

내가 왜 그랬는지 나도 모른다.
얼마나 더 큰 벼락을 맞아야 정신을 차릴까?
내 생에 단 한 번만이라도 제대로 해보자.
처음 하는 것처럼.

"어떻게 그 연세에 그렇게 골프를 잘하십니까?"

어느 날 나보다 열두 살이나 많은 대선배가 스윙도 좋고 비거리도 엄청나기에 슬그머니 물어보았더니 하는 말이 "일주일에 4일씩 마누라하고 연습장을 다니지요."라고 말한다. 나는 요령을 알고 싶어 했고 그는 원칙에 대하여 말했다.

세상 사는 기본 원리는 간단한 곳에 있다는 사실, 잘못되는 것은 반복된다는 사실, 아부와 효도는 종이 한 장 차이라는 사실, 공부가 다는 아니라는 사실, 옳지 않은 것은 언제고 터지고 만다는 사실, 큰소리내지 않아도 화풀이하는 방법이 있다는 사실, 뿌린 대로 거둔다는 사실, 서두르고 쫓기듯 살아도 앞서는 것은 한 발자국도 아니라는 사실 등등. 지나온 시절에 겪었던 수많은 실수와 실패를 안타까워하는 그 순간에도 우리는 더 큰 실수, 더 많은 실패를 만들고 있다.

그때만이라도 깨닫고 바로 했더라면…….
그것은 기회였다.

아버지의 억지 말에도 '맞습니다.' 하고 맞장구를 쳐드렸더라면, 어머니가 다니시는 절에 한 번이라도 모시고 가봤더라면, 그때 그 사람에게 좋아한다고 말이라도 붙여 봤더라면, 그때 거기 갔을 때 조금 더 시간 내서 그 옆도 돌아보고 왔더라면 등등, '그때 했더라면' 하는 것들이 수도 없이 많다.

눈앞에 두고도 못 잡은 수많은 기회, 단 한 번의 잘못으로 날아간 인간관계, 이 모두가 아쉽고 후회되고 아깝다. 생각할수록 속 쓰릴 뿐이다. 잘 할 수도 있었는데 그때 왜 그랬을까?
도대체 나는 무슨 생각을 하고 있었던가?
무언가를 잃었을 때 더 많은 것을 깨닫는 이유는 무엇인가?
'~만 되면 부러울 게 없겠는데…….'

'~만 없으면 걱정거리가 없는데…….'

사람들은 항상 그 '~만' 때문에 안타까워 한다.

내가 왜 그랬는지 나도 모른다. 후회는 가장 큰 욕심의 하나다. 모든 근심의 주범이고 치유 어려운 난치병이다. 한숨 자주 쉬면 한숨 쉴 일만 생기고, 후회도 해 버릇하면 후회할 일만 생긴다.

"후회가 꿈을 대신하는 순간부터 우리는 늙기 시작한다."

지미 카터는 그의 책 《나이 드는 것의 미덕》에서 말한다.

후회는 항상 뒤늦게 온다. 후회는 언제나 말로 한다. 하지만 부활의 시기에는 후회도 행동으로 해야 한다.

부활의 시기에 두 번의 기회는 없다. 만약이라는 것도 더 이상 없다. 젊어서는 시간을 낭비하고 나이 들어서는 시간이 없어서 못한다고 한다. 더 이상 머뭇거리거나 후회를 벗삼지 말고, 내 생에 단 한 번만이라도 제대로 해 보자. 이미 알고 있는 것이라도 새삼 처음 하는 것처럼 해 보자.

지금 생각해 보면 너무도 작은 것들에 우리의 삶을 바쳤다. 사물의 존재 의미나 가치를 깨우치는 늦은 경험이 참으로 많다. 저 바다를 잘라서 담을 수 있는 연못이 어디에 있는가? 햇빛이 지역에 따라 다른 색깔로 쏟아지는가? 아무리 탐나도 전부를 가질 수 없고 아무리 힘이 세도 혼자서 독차지하지는 못하는 것.

자연, 이것은 누구에게나 공평하다. 그것을 깨닫는 순간 누구나 현명해진다. 푸른 하늘과 맑은 새소리가 이렇게 아름다운지. 이것을 알고 나면 그만큼 더 행복하다.

우리는 함께 하던 사람들과도 언젠가는 헤어진다. 모든 알고 지내던 사람들과 헤어진다. 이런저런 이유로 우리는 헤어진다. 나 자신과도 우리는 매일 헤어져 간다. 어제의 나는 오늘의 내가 아니다. 어제 헤어진 것이다.

우리는 잊고 살고 있다. 죽음 앞에서 얼마나 애타게 목숨을 구걸하며 참회하고 울었던가? 병들어 누워 있으면서 다시 한 번 내 발로 뛰기를 얼마나 간절히 애원했던가? 사랑하는 이와 이별을 한 후 얼마나 애처로이 불러대고 그리워했던가? 배고프고 목마를 때 마시는 한 잔의 물, 보리밥에 된장국을 얼마나 부러워했던가? 돈과 권력 때문에 건강과 명예를 다 잃고서 얼마나 지난 일을 후회했던가? 나는 왜 그런 사람이 아니고 이러한 나인가? 지금 이 순간에도 우리는 이런 것들을 잊고 살고 있다.

우리는 매일 죄를 지으며 살고 있다. 살아간다는 것은 죄를 짓는 것이었다. 우리는 살아가면서 무엇인가 잘못을 저지르고 누군가를 힘들게 한다. 불평하고 시기하고 돈과 명예와 권력을 좇아 헤매며 바쁘게 산다. 숨 쉬고 건강하게 몸을 움직이며 사는 축복을 누리면서도 그것이 적다고 떼쓰며 산다.

건강한 몸으로 매일을 살아가는 오늘인데, 왜 우리는 즐겁고 감사하지 않는가? 그것은 죄다. 우리는 이렇게 매일매일 죄를 지으며 살아간다.

행복 연습

행복은 항상
우리 곁에 머물고 있다.
별거 아닌 우리의 일상생활 속에.

어느 새해, 한 신문사에서 귀성객들을 붙잡고 물었다. "당신은 언제 가장 행복한가요?" 그들이 말한 행복 '이럴 때 나는 행복하다'는 다음과 같은 것들이었다. 참 단순하고 쉬운 것들이었다.

가족이 모여 귤을 까먹는 일상이 행복하다.

명절 때 친척들과 모여 밥 먹을 때 행복하다.

가족들과 여행갈 때 기쁘다.

저녁에 돌아갈 따뜻한 보금자리가 있는 게 행복이다.

어린 아들 딸이 달려 나와 나를 안아 줄 때 모든 피로가 녹는다.

친구들과 수다떨고 놀 때 행복하다.

아픈 자식 없고 세끼 먹고 사니 행복하다.

추수해서 자식들에게 쌀 갖다 줄 때 행복하다.

아이들 키울 때가 제일 행복했던 것 같다.

아이가 대학에 들어가서 행복하다.

손녀가 전화해서 안부를 물을 때 행복하다.

고향에 내려갈 때 행복하다.

노모를 찾아뵐 때 한없이 행복하다.

운동을 하며 땀 흘릴 때 행복하다.

밴드에서 기타를 치는데 '이래서 내가 사는구나.' 느낀다.

나보다 어려운 사람을 보면 살아있는 것만으로 감사하고 행복하다.

어려움이 닥쳤을 때 '어제까지가 행복이었구나.' 느끼게 된다.

기쁘거나 슬픈 일 있을 때 누군가와 함께 나눌 수 있는 게 행복이다.

아! 참 좋은 것들. 사소한 일상에서 얻는 순간순간의 작은 행복. 사람마다 길어 올리는 샘물은 한 곳이지만 느끼는 물맛은 제각각이다. 우리는 언제가 정말로 행복한가? 행복은 항상 우리 곁에 있는 것이고, 행복은 잠깐씩 스쳐지나가는 것들이다. 골목길의 가난한 삶이 충분히 아름답다고 느껴질 때 그 누구도 행복해진다. 일상의 즐거움을 아주 기쁘게 받아들이면 그곳에 행복이 있다.

시인 정끝별이 추억한다.

"어느 집에서 고깃국을 끓이면 저만치에서부터 냄새가 밀려와요. 밖에서 놀다가 고깃국 냄새를 어렴풋이 맡으면 집으로 달려갔죠. '저 냄새가 나는 곳이 우리 집이었으면 좋겠다.'고 하면서요. 그 고깃국집이 우리 집이라는 것을 확인했을 때의 그 행복감이란!"

끼니 걱정을 하지 않고도 저녁밥을 기다리는 즐거움은 행복의 기본이다.

돈 많으면 행복할까?

돈이 어느 정도 있어야 행복할까? 돈 많고 권력 있는 사람들은 어떤 것에서 행복을 느끼고 사는가? 타고날 때부터 가진 게 많은 유복한 사람들은 삶의 목표가 무엇일까? 그들은 매일 무엇을 하며 지낼까? 그들은 무슨 걱정이 있을까? 돈 많은 2세들은 왜 또 돈 버는 일에 뛰어드는가?

그들에게 있어 돈은 그들의 존재감이고, 그래서 언제나 돈의 배신이 두려워 돈을 꽉 쥐고 있다. 버리자니 아까워서 꾸역꾸역 배부른 배에 집어넣으니 속이 탈나고 건강을 해친다. 어떻게 번 돈인데 남 줄 수는 없고 차곡차곡 쌓아놓고 누가 가져갈까봐 지키고 있다. 돈의 노예가 되었다. 먹는 욕심이 건강을 해치고 돈 욕심이 인생을 망친다. 하늘은 원하는 것을 갖게 해 준다. 그러나 행복을 함께 주지는 않는다.

캐나다 로열뱅크가 2010년에 내놓은 보고서에 따르면 백만장자들 가운데 재산이 늘어날수록 행복해진다는 사람은 절반에도 못 미쳤고, 그 이유는 재산이 불어나면서 더 많은 고민이 생기는 탓이란다. 이들의 10%는 언제 실패할지 모른다는 공포에 사로잡혀 늘 노심초사하고 있다고 한다. 돈의 노예가 따로 없는 셈이다.

돈 많은 부자 집에서 서로 치고 받고 싸우는 일이 심심치 않게 신문에 나온다. 부자간에 부부간에 형제 자식 간에 서로 헐뜯고 다투다가 급기야는 법정 소송까지 벌인다.

돈 많은 부호는 자식들에게 효도를 받는 것이 아니라 아부를 받고 있다. 돈 앞에서 진정한 혈육의 정은 사라지고 만다.

성공하면 행복할까?

많은 사람들이 인생의 목표를 성공에 두고 있다. 그러나 이런 사람들 상당수는 목표에 도달했음에도 행복을 느끼지 못한다.

'왜 그럴까? 성공했는데 왜 행복하지 않을까?' 를 고민하다가 아직도 성공하지 못했기 때문이라고 생각하고 성공을 위해 더 열심히 일한다. 우리는 인생을 살면서 승자가 패자인 경우를 수 없이 본다. '출세와 부' 라는 성공의 대가는 때로는 건강악화로 나타나고 때로는 목숨까지 앗아가기도 한다.

겉은 멀쩡한 것처럼 보이고 이런저런 활동을 하면서 일을 한다고 해도 몸과 마음은 망가질 대로 망가져서 물기가 다 빠진 모습으로 사람구실도 제대로 못하고, 세상을 즐기지도 못하면서 하루하루를 겨우 연명하고 있다. 그러다가 "내가 지금 무엇을 하고 있는가. 이렇게 살다가는 큰일나겠다."는 생각이 들면 이미 때가 늦은 것이다.

알파남은 행복할까?

공부, 운동, 외모, 집안, 부러운 건 모두 다 갖춘 그들은 얼마나 행복할까? 뛰어나면 조명 받게 되고 조명 받은 자는 예외 없이 명예의 함정에 빠진다. 유명해지면 유혹이 뻗쳐오고, 그 유혹에 대부분 다 넘어간다. 재주를 가진 자는 그것이 아까워 어떻게든 다 쓰려고 발버둥치며 입에서 단내가 나도록 고달프게 살아간다. 다재다능(多才多能)한 자는 다사다난(多事多難)하게 살게 된다. 돈 많고 재주 많은 것도 불행인 경우가 있다. 둔하고 돈 없는 사람들에게 주는 위로가 여기 있다.

1937년, 하버드 의대가 뛰어난 지성을 갖춘 우수학생 268명의 일생을 추적하기 시작했다. 72년이 지난 후 살펴보니 3분의 1이 이런저런 이유로 정신질환치료를 받은 것으로 드러났다. 마약이나 알코올에 중독되어 요절한 이도 적지 않았다. '잘사는 삶에 어떤 공식이 있을까?' 라는 의문을 풀기 위해 실시한 이 연구의 결론은 최고의 엘리트라도 반드시 행복하게 살라는 법은 없다는

것이고, 가장 중요한 것은 인간관계이며, 행복은 결국 '사랑'이
라는 것이었다.

왜 행복하지 않을까?

사람들이 많이 몰리는 곳에 행복이 있을 것 같아 경쟁이 치열
한 쪽으로 머리를 디밀어 보면 오히려 좌절과 고통이 기다리고
있다. 반대로 이번에는 나 홀로의 길로 가서 나 스스로 '행복하
다'고 외쳐보지만 고독감과 함께 '내가 제 길을 가고 있는가?'
라는 회의가 든다. 행복에 보탬이 되리란 기대에서 우리는 돈,
힘, 명예라는 족쇄에 묶여 그것들의 종노릇을 하고 있는 것이다.

어떻게 사는 인생이 잘 사는 것이냐? 우리는 인생을 너무 복
잡하고 심오하게 생각해야 한다는 무의식의 지배를 받고 있다.
인간이 겪는 희로애락(喜怒哀樂)은 전부 즐겁거나 즐겁지 아니할
때 찾아온다. 사람마다 그 입맛이 제 각각이듯이 즐거움의 느낌
도 다 다르다. 그것을 알면 그게 인생을 아는 것이고, 인간에 대
하여 아는 것이다. 즐겁게 사는 게 인생의 최고의 목적이고, 그
런 인생을 살아내는 것이 최고의 행복이다.

사람들은 죽을 때가 되어서야 후회하며 깨닫는다. 고상하고
위대한 사람들의 발자취만 따르다가 인생의 즐거움도 누리지 못
한 채 스러지고 만다. 애석하고 화나는 일이다.

즐겁게 살려면 성격이 낙천적이어야 한다. 부모에게서 물려받

은 재산 중 가장 귀중한 것은 밝은 성격, 낙천적인 성격이다.

노자(老子)는 "사람은 누구나 행복을 추구하며, 그것들을 물질적 부유함에서 얻으려고 하지만 물질의 추구는 더 큰 물질을 얻기를 바랄 뿐 영원히 만족하기 어렵다. 그러기 때문에 행복은 세상의 가치나 기준에 흔들리지 않는 평탄한 마음에서 비롯된다."고 말하면서 스스로 담백함을 즐기면서 청정함을 주장했다. 무위자연(無爲自然)의 사상이다.

그런데 이 말이 무슨 말인지는 알아듣겠는데 현실을 사는 보통사람으로서는 참으로 따르기 벅차다. 그런 면에서 플라톤은 조금은 위로가 되는 말을 해주고 있다. 플라톤은 모든 면에서 조금씩은 부족한 것에서 행복하다고 말한다.

그가 말하는 행복의 조건은 다섯 가지다.

첫째, 먹고 살기에는 조금은 부족한 듯 한 재산.

둘째, 모든 사람이 칭찬하기엔 약간 부족한 듯 한 외모.

셋째, 자신이 생각하는 것의 반밖에 인정받지 못하는 명예.

넷째, 한 사람은 이겨도 두 사람에게는 질 정도의 체력.

다섯째, 연설했을 때 듣는 사람의 반 정도만 박수치는 말솜씨.

행복하지 못한 것은 갖지 못하고 이루지 못해서가 아니라 넘치고 완벽하려 하기 때문이다. 이런 진리는 먼 옛날이나 요즘이

나 다르지 않다. 그래서 우리 옛말에도 즐기는 것도 적당한 때 그치는 것이 좋고(樂事而不盡有趣), 먹는 것도 조금 덜 먹는 것이 좋다고 했다. 조금 아쉬운 것, 약간 부족한 것이 좋다는 것이다.

영국 BBC방송의 다큐멘터리 〈행복〉에서 제시한 '행복의 10계명'을 소개한다. 모두가 일상에서 스스로 할 수 있는 것들이다.

1. 운동을 하라. 일주일에 3회 30분이면 충분하다

2. 좋았던 일을 떠올려보라.

   하루를 마무리할 때마다 감사해야 할 일 다섯 가지를 생각하라.

3. 대화를 나누라.

   매주 온전히 한 시간은 배우자나 친한 친구와 대화를 나누어라.

4. 식물을 가꾸라.

   아주 작은 화분이라도 좋다. 죽이지만 말아라.

5. TV 시청 시간을 반으로 줄여라.

6. 미소를 지어라.

   하루에 한 번은 낯선 사람에게 미소를 짓거나 인사를 하라.

7. 친구에게 전화하라.

   오랫동안 소원했던 친구나 지인에게 연락해서 만날 약속을 하라.

8. 하루에 한 번 유쾌하게 웃으라.

9. 매일 자신에게 작은 선물을 하라.

그리고 그 선물을 즐기는 시간을 가지라.

10. 매일 누군가에게 친절을 베풀라.

우리의 일상생활에서 스스로가 찾아내고 가질 수 있는 행복의 어드바이스다. 매일의 생활에서 이런 것들을 실천한다면 남의 도움 없이도 우리 스스로가 행복한 주인공이 될 수 있다. 어려운 것도 없다. 유치하게라도 벽에 써서 붙여놓고 매일매일 생활수칙으로 삼아도 좋을만한 것들이다.

앉은 자리에서 꿈만 꾸는 사람들, 삶에 치여 행복을 좇지 못하는 사람들이야말로 불행하다. 사는 게 불안하고 고달픈 것은 어려운 길을 걷고 있기 때문이다. 쉬운 길을 걸으면 우리는 누구나 즐겁고 편안하고 건강하다. 쉬운 길은 곧은 길이고, 밝은 길이고, 가까운 길이고, 열려진 길이고, 사는 길이다. 우리들은 누구나 마음만 먹으면 그런 길을 걸을 수 있다.

방송에 나와서 '행복전도사'를 자처하던 최윤희 씨. 그렇게 긍정, 감사, 행복을 외치던 그가 신병을 비관하는 유서를 남기고 자살을 택했다. 무엇이 그를 자살로 이끌었을까? 극심한 고통, 온몸의 참을 수 없는 고통과 신장과 폐의 이상이 견딜 수 없었다고 한다. 하지만 과연 그런 몸의 이상을 불러온 것은 무엇이었을까?

그가 모 신문의 칼럼에 쓴 것처럼 '나 자신의 용량에 넘도록 나를 혹사하여서 내 몸이 방전되었다.' 는 것일까? 행복과 희망을 말하던 그도 결국은 스스로 극복 못할 아픔과 좌절이 있었다.

죽을힘을 다해 공부는 하면서, 온힘을 다해 일에 매달리면서, 정작 죽을힘을 다해서 행복해지려는 노력은 왜 하지 않는가?

행복은 별거 아닌 곳에 있다. 사형수가 마지막으로 먹고 싶은 음식이나 세계 최고 요리사 50인이 택한 '죽기 전에 마지막으로 먹고 싶은 요리' 는 치즈버거와 프라이드치킨, 스파게티, 와인과 맥주와 콜라 등 대부분 양이 많지 않고 간단한 음식이었는데, 이는 그들이 가장 행복했을 때 먹었던 음식이었다.

나를 살아 있게 하는,
존재의 이유

가족, 내가 존재하는 이유.
친구, 그들이 있어 내가 있다.

'가족이란, 그곳을 떠나서 세상을 발견하고 안식처가 필요할
때 되돌아오는 곳, 항구와 같다. 해가 저물었을 때, 달리 갈 곳을
생각해 낼 수가 없을 때 찾아들어가는 보금자리. 때로는 불안을
감추기 위해 숨어드는 아지트이자 불안의 원천지.'

어느 개념어 사전에 실린 가족의 정의이다.

시인 신달자는 《나는 마흔에 생의 걸음마를 배웠다》에서 이렇
게 말한다.

"아버지, 엄마, 부모라는 십자가, 형이라는 십자가 등등 우리

는 메고 가야 할 십자가를 각자 하나씩 가지고 있다. 그걸 내려놓지 못해 애쓰는 가운데 우리의 삶의 고달픔이 잉태된다. 그 짐을 당연한 것으로 여겨 익숙해지면 몸에 맞는 옷처럼 편안히 여길 수도 있는 것을. 그냥 떼어놓지 못해 안달을 하면서 살아가는 것은 또 하나의 십자가를 만들어서 지고 가는 꼴이다. 십자가는 지고 묵묵히 가는 것인데 나는 '그' 라는 십자가를 내려놓으려고 안간힘을 썼다."

내가 혼자서 외로워 할 때도, 아내와 아들과 딸, 그리고 부모 형제와 조카들, 그들은 언제나 내 곁에 그렇게 있었다. 돈과 명예가 아무리 크고 넘친들 기뻐하고 칭찬해줄 부모 형제 부부 자식이 없으면 그런 것들이 다 무슨 의미가 있는가? 가족은 평소엔 잊고 지내지만 위기상황이 다가올수록 그 존재감을 뚜렷이 드러내는 존재다. 가족이란 그런 것이다. 내가 존재하는 이유다.

아이가 태어날 때 부모도 같이 태어난다. 아이가 없을 때 그는 단지 남편이고 아내인 부부일 따름이지만 아이가 태어난 그 순간부터 그들은 아버지, 어머니가 되고 드디어 가족을 이룬다. 가족은 서로의 허물과 상처를 보듬는 존재이면서 동시에 상처를 주며 서로를 구속하는 존재이기도 하다.

오늘은 일찍 집에 가자.

부엌에서 밥이 잦고 찌개가 끓는 동안

헐렁한 옷을 입고 아이들과 뒹굴며 장난을 치자.

나는 벌써듯 너무 밖으로만 돌았다.

어떤 날은 일찍 돌아가는 게 세상에 지는 것 같아서

길에서 어두워지기를 기다렸고

또 어떤 날은 상처를 감추거나 눈물자국을 안 보이려고

온몸에 어둠을 바르고 돌아가기도 했다.

그러나 이제는 일찍 돌아가자.

골목길 감나무에게 수고한다고 아는 체를 하고

언제나 바쁜 슈퍼집 아저씨에게도

이사 온 사람처럼 인사를 하자.

오늘은 일찍 돌아가서

아내가 부엌에서 소금으로 간을 맞추듯

어둠이 세상 골고루 스며들면

불을 있는 대로 켜놓고

숟가락을 부딪치며 저녁을 먹자.

　-이상국의 시 〈오늘은 일찍 집에 가자〉

"살아만 있으면 얼매나 이쁘겠나? 작대기 짚고 댕긴다캐도,
그것도 못해 누어만 있다캐도 얼매나 이쁘겠나."

부인의 상여가 떠나던 날 94살의 노 화가는 이렇게 중얼거렸다. 부부란 그렇게 곁에만 있어 주어도 좋은 존재다.

"그래, 같이 산 지 올해로 67년이네, 참 잘 살았어, 그게 꼭 사랑이라기보다는, 그냥 둘이 뭐든지 같이 했어."

아흔 한 살의 부인을 떠나보내고 아흔 두 살의 남편이 하는 말이다. 뭐든지 같이 하는 사이, 부부란 그렇게 함께 살아가는 사람이다.

온갖 것을 다 소화시켜준 나의 위장,
온갖 것을 다 참고 받아준 나의 아내.

이 둘이 내 인생의 진정한 반려(伴侶)였다.

아가! 내 딸 항령아!'
이렇게 속으로 불러본다. 딸이 몇 살을 먹었던 부모는 '아가'라고 부를 수 있는 사람이다. 그런 자식을 돌보고 그런 자식 때문에 속 썩는 건 부모의 크나큰 행복이다.

어머니!
나는 사람을 죽였습니다.

(중략)

어머니!

전쟁은 왜 해야 하나요?

어쩌면 제가 오늘 죽을지도 모릅니다.

하지만 저는 살아가겠습니다.

꼭 살아서 가겠습니다.

어머니

상추쌈이 먹고 싶습니다.

찬 옹달샘에서

이가 시리도록 차가운 냉수를

한없이 들이키고 싶습니다.

(중략)

－1950년 8월 포항 전투에서 전사한 이우근 학도병의 편지

목숨이 왔다 갔다 하고 총탄이 빗발치는 전쟁터, 8월의 찌는 더위 속에서 그야말로 아무런 가식도 격식도 차림이 없이 애처롭게 부르는 어머니를 향한 그리움, 상추쌈을 볼 터지게 한입 가득히 씹으면서 찌는 더위를 가실 찬 샘물 한 바가지를 그린다.

효도란 내가 부모에게 뭔가를 해드리는 것이 아니라 내 스스로 내게 행복을 전달하는 절차였다. 효도할 부모가 계신 것이 가장 큰 나의 재산이고 행복이었다. 말대답 공손히 하고, 외롭지

않게 해 드리고, 내가 잘 되어서 기쁨 드리는 것, 그것뿐이었다. 세상에서 가장 돈 안 들고 쉬운 게 효도였다. 어렵고 귀한 것은 하나도 없었다.

"자식을 출세시키는 것은 불효자를 키우는 것과 마찬가지다."

옥수수박사로 유명한 김순근 박사가 어느 사석에서 눈물을 글썽이며 토로한 말이다(그는 30여 년 전부터 아프리카 나이지리아에서 봉사하면서 후진국 식량문제 해결에 힘써 온 농부 같은 과학자다).

"어머니 앞에서는 다들 자식 잘 둬서 부럽다고 말하지만 돌아가서는 수군대지 않겠어요? '자식 잘 두면 뭐해? 어머니 혼자 계신데 모시지도 못하고 자주 찾아오지도 못하는 걸.' 하면서 말예요."

그래도 부모는 그런 자식이 좋다. 자식 잘 되는 것이 부모에게 효도하는 것이라고 말해 준다.

형제간의 우애, 친구간의 우정, 사람 사이의 의리를 이야기하지만 정작 부모에 대한 효도를 잊고 산다면 그 우애, 우정, 의리라는 것이 다 무슨 의미가 있단 말인가? 가장 쉬운 일이 부모에게 효도하는 것이고 가장 큰 행복 또한 효도할 수 있는 부모가 계시다는 것을 부모를 여의고 나서야 울면서 깨닫는다.

연암은 보고 싶은 아버지를 이렇게 그렸다. 아마 그도 울면서
이 시를 지었으리라.

아버지 생각나면 형님 얼굴을 보지.
우리 형님 누굴 닮았나.
아버지 생각나면 형님을 보았지.
이제 형님 생각나면 누굴 보나.
시냇물에 내 얼굴을 비추어 보네.
-연암 박지원의 詩 〈燕巖憶先兄〉

외로운 삶과 활기찬 삶의 차이는 친구라는 존재가 만드는 것
이다. 어린 시절의 동무와는 수십 년의 공백에도 금방 다시 친
구가 된다. 그것이 우정이다. 친구들은 과거와 현재를 이어주고
삶을 마감할 때 곁에 있어 주는 존재다. 부활의 시기에 나타나
는 특징 중 하나는 옛 친구와의 관계회복이다. 우정을 나눌 시간
도 많아진다. 동창회에 가보고, 옛사람을 인터넷에서 찾아도 보
고, 옛날 살던 동네를 다시 찾아가 멀리 살고 있는 친구에게 연
락을 해 본다. 다시 시작하는 것이다. 이전과 달리 서로에게 마
음이 열려 있었다. 옛 우정의 회복은 과거에 대한 향수로 인해서
불이 붙는다. 친구를 사귀는 일은 매우 기본적인 본능이다.
왜 사람들은 친구를 찾고 친구가 없으면 외로워하고 그리워하

는 것일까?

오랜만에 친구가 전화를 해 왔다.

"왜? 무슨 일 있어?"

"아니, 그냥……."

"웬 전화를 다하고 ?"

"아니, 그냥, 그냥 했어."

이렇게 아무런 이유도 용건도 없이 연락했을 때 하는 말, '그냥'이라는 말을 쓸 수 있는 사이, '친구'. 불현듯 보고 싶거나 왠지 딱히 할 말은 없지만 목소리를 듣고 싶을 때 하는 말. 이런 말을 주고받아도 아무렇지 않은 사이. 그런 사이가 친구다.

공자의 〈논어〉를 보면 '배우고, 그 배운 바를 때때로 익히면 즐겁지 아니한가' 라고 시작을 하죠. 그리고 '멀리서 친구가 찾아와서 얘기하면 이 또한 즐겁지 아니한가', 그 다음 '남이 나를 몰라줘도 내가 노여워하지 아니하면 이 또한 군자답지 아니한가' 그 세 개의 문장으로 시작을 하는데요. 제가 칠십 평생을 살아보면 인생의 행복, 즐거움이라는 것이 배우고, 친구 만나는 것, 그거 이상은 없더라고요. 그래서 저는 진짜 책 읽는 공간인 서재가 있고, 그 옆에는 친구하고 만나서 얘기하는 공간이 붙어있어요.

－국악인 황병기 씨

봄의 과수원으로 오세요

Come to the Orchard in the Spring

꽃과 촛불과 와인이 있어요

There are flowers, candles and wine

당신이 안 오신다면

If you don't come

이런 것들이 다 무슨 소용 있겠어요

There do not matter

당신이 오신다면

If you come

또한 이런 것들이 다 무슨 소용 있겠어요

There do not matter

　－루미 〈봄의 과수원으로 오세요〉

우리들에게 그런 당신은 누구일까?

종착역에
닿기 전에

문득 정신을 차려보니
앞날이 두렵고 막막하다.
삶은 종착역을 향해가는 여행과 같다.

문득 정신을 차려보니 앞날이 아득하고 막막하다. 돈도 없고
할 일도 없고 친구도 없고 온통 없는 것뿐이다. 살아갈 날도 얼
마 안 남았다. 갑자기 이런 생각을 하면 앞날이 두려워지기 시작
한다. 앞으로도 그냥 그렇게 지금 살아온 것처럼 질질 끌려가면
서 삶의 짐을 끙끙거리며 지고 살아갈 것이다. 내 생에서 한 번
도 제대로 나의 삶은 살아보지도 못한 채 그렇게 동물처럼 살다
가 쓸쓸히 죽어갈 것이다.

부활은 정신 차리는 것에서부터 싹을 틔우는 작업이다. 부화

뇌동(附和雷同)하며 혼자선 아무것도 못하고 이리저리 흔들리고 되는대로 사는 것부터 정리하고 새 출발하는 것, 이것이 부활의 시작이다. 이제까지 살아온 모든 것들을 재검토 한 후, 스스로의 등뼈를 바로 세우고 심지를 똑바로 세워서 정신을 바짝 차리고 새 살림살이를 설계하는 것이다. 정처 없이 떠돌고 할 일 없이 헤매는, 떨어져 뒹구는 낙엽 같은 인생. 앞으로도 그렇게 보낼 수야 없지 않은가?

구렁텅이에서 발을 빼고 눈을 거두자. 다리 한 쪽 걸쳐놓고 어디로 갈까 망설이니 길이 보이지 않는다. 쑥 발을 빼고 나서 힘차게 첫발을 내딛는 그쪽 방향에 내가 가야할 길이 펼쳐진다.

두려움과 외로움을 피하지 말자. 나 자신과 벗하여 하루에 한 번쯤은 나와 마주하는 시간을 갖도록 하자. 그렇게 스스로 대견한 사람이 되도록 나의 거울에 비추어 보면서 나 자신과 마주하자.

부활의 종점은 생명의 마감이다. 준비하지 않고 맞이하는 부활은 그저 연명일 뿐이고, 그 결과 무덤에 가지고 가는 선물은 '허무한 인생'이라는 넋두리뿐이다. 준비하고 맞이하지 못한 인생은 급격한 추락만이 있을 뿐이다. 갑자기 빈곤에 빠지고, 고독과 무기력 속으로 추락하고 만다.

"앞으로 내가 얼마나 더 살지 모르지만······."

"제가 살면 얼마나 더 살겠어요."

사람들은 흔히 이렇게 말하곤 한다.

어느 배우가 여러 번의 대 수술 후, 극장에서 공연을 하면서 말한다. "이게 마지막일지도 모르잖아요. 그래서 혼신의 힘을 다해 연기하고 있어요."

우리에게도 언젠가는 '내가 살면 얼마나 살겠는가?' 하는 말을 할 때가 온다. 나는 그때 그 말을 어떤 심정으로 하고 있을 것인가?

누구나 언젠가는 죽게 되지만 그 죽음을 맞이하는 우리의 자세는 분명히 정리하고 있어야 한다. 조문(弔問) 때나 죽을병에 걸린 사람 병문안 시에도 그저 잠깐 스쳐가듯 느끼고 위로할 뿐 그 순간이 지나면 그만이다. 죽음을 눈앞에 두고도 죽음을 제대로 보지 못한다. 죽음을 앞에 두고 살아가고 있다는 사실을 애써 외면하고 사는 것이다. 죽음이 웃을 일은 아니지만 우리를 안도하게 하고 평등하게 하는 것 역시 죽음이다.

불확실한 미래에 확실한 것은 '죽음' 뿐이다.

사람마다 향해 가는 역과 가는 시간은 다르지만 삶은 그 자체로 종착역을 향해 가는 여행과 같다. 우리는 달려오면서 수많은 중간 역을 거쳐 왔다. 오르고 내리는 많은 이들과 만나고 헤어지고를 거듭하면서 지금 이곳까지 왔다. 이제부터 남아 있는 역이 몇이나 되는지 헤아려보고, 종착역에 도착할 시간이 얼마나 남았는지도 따져 보자. 내 인생의 마감시간을 상정해 놓고 그 길을 뚜벅뚜벅 걸어가야 한다. 허투루 인생을 낭비하지 않고 하루하루를 고맙게 알차게 보내야 하지 않겠는가?

살만큼 살았고 알만큼 알았다. 이제까지의 살아온 경험을 가지고 확고한 부활의 인생관을 세우고 산다. 더 이상 망설이거나 서성대지 말고 확고한 부활기의 로드맵을 그려서 확 바꾼 부활의 생을 경영해야 한다. 머뭇거리지 말고 화끈하게 마지막 불꽃을 확 살려가며 살 일이다.

두 번째의 인생은 첫 번째의 인생에서 실패한 사람들이 도피처로 삼을 수 있는 나만의 파라다이스가 아니다. 첫째도 둘째도 훌륭한 인생의 경영은 우리의 선택에 달려 있다. 우리가 어떠한 선택과 노력을 하느냐에 따라 인생은 두 번이 되는 것이다.

RE

아직 무대는
끝나지 않았다

_은퇴 후를 생각한다

꽃이 진다고 그 나무가 죽는 것이 아니다.
다시 태어나기 위해 꽃은 지고 낙엽은 떨어진다.
다음 해 봄에
새로운 잎을 내고 화려한 꽃을 피운다.
나무는 그렇게 해마다 다시 시작한다.

내려갈 때 보았네.

올라갈 때 보지 못했던 그 꽃.

-고은 〈그 꽃〉

잎이 졌다고
나무가 죽은 것은 아니다
—예정대로 찾아오는 인생의 전환기

Revival

> 은퇴는 살아오면서 겪어본 것 중에서 가장 큰 전환기다.
> 자연인으로서 나 자신에게로 돌아가는 출발이다.
> 은퇴 후는 그 자체가 새로운 삶의 시작이다.

정년, 퇴직, 은퇴, 이런 것들은 우리가 생각지도 않았던 시기에 찾아온 낯선 과객처럼 불쑥 들이닥친다. 그것은 이미 떠나온 화살인데 운 좋게 빗나가기를 바라거나, 눈을 꽉 감고 외면하다가 갑자기 맞닥뜨리고 나서야 어쩔 줄 모르고 허둥댄다.

금융경제학에서 쓰는 티핑 포인트(tipping point)라는 말이 있다, 티핑 포인트는 '작은 변화들이 상당 기간 쌓여서 미세한 변화가 하나만 더 발생해도 갑자기 큰 변화나 파장으로 이어질 수 있는 단계'를 뜻한다. 흰개미가 거목을 쓰러뜨리고 거대기업이 하루 아침에 넘어가는 현상은 어느 날 갑자기 일어났지만 그 원인은 오래전부터 조금씩 아주 서서히 진행되어온 다양한 원인에서 비롯되었듯이, 은퇴가 갑자기 일어난 것이 아니고 매일, 매년 우리가 나이를 먹고 늙어가듯이 은퇴는 진행되고 있었던 것인데 준비가 없으면 어느 날 갑자기 들이닥친 사건처럼 여겨질 뿐이다. 아무런 준비도 뚜렷한 생각도 없이 은퇴를 맞이하면 바로 그 시점이 우리의 티핑 포인트가 되는 것이다. 어제와 오늘의 차이는 오늘부터 출근할 곳이 없어졌다는 단지 그 사실 하나뿐인데도 우리가 겪는 충격은 갑자기 불어닥친 태풍과도 같다. 그런 과정을 거쳐서 우리는 서서히 '은퇴'의 시기로 접어들게 된다. 그것은 자연스런 삶의 일부다. 그 일은 어느 누구에게도 예외 없이 일어난다.

영국이나 프랑스, 말레이시아, 대만 사람들은 '은퇴'라는 단어에서 '자유'를 생각한다고 한다. 그런데 한국인의 55%는 은퇴란 말에 '경제적 어려움'부터 떠올렸다고 한다. 한 외국보험회사가 17개국을 대상으로 조사한 결과다. 우리는 경제적 어려움 외에도 두려움과 외로움을 떠올렸다. 이유야 뻔하다. 돈 들어갈 일은 아직도 많은데 가진 것은 달랑 집 한 채에 저축도 별로 없기 때문이다.

준비 없이 덜렁 은퇴를 맞이한 사람들은 지나온 과거가 다 허무하게만 느껴지고 갑자기 앞날이 막막해지며, 세상에 나 혼자

뿐인 듯 절대고독을 느끼며 생존의 두려움에 휩싸이게 된다. 갑자기 초라해지고 자신감이 없어진다. 이래서 대부분의 사람들은 구차하더라도 과거를 붙잡고 매달리고, 구박받더라도 있던 자리에 머물려고 안간힘을 쓴다. 두려워서 그렇고, 준비가 없으니 당황해서 그렇다. 영예롭게 퇴장하기보다는 엄청난 상실감에 휩싸인 채, 과거와 헤어지는 용기를 내지 못하고 스스로 박제된 굴레의 틀 속에 갇혀 웅크린다. 은퇴 후 우리들의 초라한 초상이다.

'이 또한 지나가리라.'
"전쟁에서 승리해 환호할 때도 지나치게 들떠 오만하지 않도록 하고 패배를 겪었을 때도 너무 좌절하지 않도록 위로하는 글귀를 반지에 새겨오라."는 다윗 왕의 명령에 반지 세공인이 다윗의 아들 솔로몬을 찾아가자 그가 준 경구가 바로 이것이다.
'이 또한 지나가리라.'

과거를 떠나지 않고 미래를 향해 나아갈 방법은 없다. 떠나야 출발이 시작된다. 잃는다는 것, 버린다는 것, 손을 놓는다는 것은 해방이고 또 다른 시작이기도 하다.
'잃었다 한들 원래 없었던 것이고, 얻었다 한들 원래 있던 것이다.' 불교에서 하는 말이다. 세상에 영원히 소유할 수 있는 것은 없다. 인생의 전환기는 삶의 일부를 하나씩 놓아 보내고 하나씩 새롭게 시작하는 때이다.

은퇴는 살아오면서 겪어본 중에 가장 큰 전환기다. 이 시기에 우리는 과거에서 빠져나와 자신의 내면을 향하면서 새로운 자아를 탐색하는 시기를 맞이한다. 인생에서 처음으로 자유로워지는 시기이다. 은퇴는 바로 그때, 나를 날게 할 때가 온 것을 의미한다. 지금까지의 삶을 바탕으로 무엇이든 될 수 있는 기회가 온 것이다. 지금까지 살아온 것보다 더 멋지게 살아볼 수 있는 시기다. 그렇게 되려면 먼저 과거를 놓아주어야 한다. 이제 때가 왔다.

전환기에는 새로운 꿈을 꾸고 새로운 계획을 세워야 한다. 그것은 변화하는 것이며, 변화한다는 것은 성숙해진다는 것이고 끊임없이 자기 자신을 창조하는 것이다. 꿈은 우리에게 새로운 목표를 갖게 하고 계획은 그 목표를 실현되도록 돕는다. 꿈과 계획을 실천에 옮기기 위해 한 발 앞으로 내딛는 것, 시작하는 용기를 내야 한다. 막상 저지르고 나면 그게 큰 문제가 아니라는 걸 알게 된다. 이제껏 머물던 곳에서 빠져나오는 것은 무척이나 힘들고 외롭고 두렵지만 그로 인해 내 인생은 새롭게 부활한다.

잎이 졌다고 그 나무가 죽은 것이 아니다. 나무는 또 다시 태어나기 위해 낙엽을 지우고, 꽃을 떨어뜨린다. 그러나 다음해 봄에는 또다시 잎을 내고 꽃을 피운다. 그 나무의 그 잎, 그 꽃은 작년의 그것이 아니다. 올해 새로 태어난 새 잎이고 새 꽃이다. 나무는 그렇게 해마다 부활하고 성장한다.

은퇴 후는 삶이 없는 시기가 아니라 그 자체가 새로운 삶이다. 정년 후의 삶은 인생의 마지막을 기다리며 인내해야 하는 시기가 아니다. 지금까지 한 번도 경험해 본 적이 없는 방식으로 진정으로 살아 있어야 하는 시간이다.

현재는 이제 어딘가로 향하는 길목의 한순간이 아니다. 바로 이 순간을 위해 지금까지 살아왔다. 다른 모든 것은 이 시간을 위한 연습이었다. 은퇴는 사회인으로서는 졸업이지만 자연인으로서 나 자신에게로 돌아가는 출발이다. 은퇴는 명예로운 것이다. 은퇴가 큰 축복일 수도 있다는 것을 받아들이는 데에는 시간이 걸린다. 은퇴 후는 두려움으로 맞닥뜨릴 것이 아니라 설렘으로 기다리는 선물 같은 것이어야 한다. 어떻게 하면 이렇게 내 생의 봄날을 맞을 수가 있을까?

아름다운 퇴장,
그리고 화려한 부활

과거의 '나'로부터 앞으로의 '나'에게
'바통(Baton)'을 넘길 때
내 인생의 '이어달리기'는 지속된다.

이제 우리는 스스로에게 물어야 한다.

우리가 정말 원하는 것이 무엇인가?

우리는 그런 것들을 하면서 살아왔던가?

우리가 접어든 이 새로운 단계는 다른 그 어떤 단계보다 자유
롭다. 능력을 증명해 보일 필요도, 누구에게 나를 허락받을 필요
도 없다. 이제 우리가 할 일은 그저 자신을 꽃피우는 일이다. 내
삶의 본질에 충실해도 되는 그런 자유의 시간이다.

과거로부터 탈출하여 길고 어두운 '땅굴파기'를 끝내는 것,

땅굴시대의 '땅 두더지들'과 결별하고 손을 씻고 발을 빼는 것, 빨리 은퇴하여 재미나게 사는 것, 이것이 용기이고 위대한 탄생이고 부활의 시작이다.

"괜히 미련 남아서 미적거리다가 팬들에게 개운치 않은 뒷맛을 남기느니 깨끗하게 유니폼을 벗고 싶었습니다." 이렇게 말하면서 선동열 선수는 유니폼을 벗었다.

끝낼 때 추하지 않아야 된다고 생각하지만 막상 닥치면 안쓰럽고 초라한 행태를 보이게 되는 것이 보통사람들의 어쩔 수 없는 모습이다. 뭉그적거리며 초라한 마지막 모습을 남기고, 떠나서도 전 직장의 주위를 맴돌며 미련을 못 버린다.

오랫동안 세계의 여성 골프를 주름잡던 골프 여제 에니카 소렌스탐은 한창 전성기를 누리던 때에 돌연 은퇴를 선언했다.

"몇 년 동안 인생에서 무엇이 가장 중요한가 생각했다. 골프 코스에서 얻으려는 것이 무엇인가 고민했다." 2008년 5월 은퇴 기자회견에서 이렇게 말하고는 인생에서 가장 중요한 가족과 함께 하기 위하여 그는 정상에서 스스로 걸어 내려왔다.

위대한 스타는 은퇴 후 자신의 뒷모습을 팬들에게 보이고 싶어 하지 않는다. 자신의 역할은 이미 끝났다는 것을 잘 알기 때문이다. 퇴장했으면 편안히 관중석으로 올라가서 관전하자. 운동장 가에서 맴돌지 말고 의연하게 웃으며 떠나자. 그것이 존경받는 선배가 되는 길이다. 이곳만이 다가 아니다. 또 다른 세상이 있다. 막이 내리면 누구나 '이웃사람'으로 돌아오고 '동네 아저씨'가 된다. 그러나 보통 우리들은 떠날 때 '나를 잊지 말아요' 하면서 추억을 남기려 애쓰고 아쉬워하며 떠난다.

"벚꽃처럼 사라질 겁니다. '눈을 떠보니 밤사이 벚꽃이 졌더군.' 후배들에게서 이런 말을 듣고 싶습니다." 모 인사는 퇴임의 말을 이렇게 대신했다. 누구나 이렇게 멋지게 떠나기는 어렵겠지만 노력은 해야 한다.

모든 것은 최고의 상태에 도달하기 전에 자퇴시켜야 좋다. 먹는 것도 위장의 8할만 채우고 끝내야 건강에 좋다고 하지 않는가. 즐기는 것도 조금 아쉽다 싶을 때 끝내야 아련히 향취가 남고 뒤끝이 개운하다.

쉬는 시간도 없이 일하고 톱의 자리에 올랐으나 갑자기 죽거나, 톱의 자리에 80살까지 있다가 바로 실버타운으로 가는 인간도 있다. 선배들의 모습을 잘 관찰해 보라. 내가 가야 할 길이 보인다.

자리를 떠날 때의 마음가짐에 대하여 다산 정약용은 목민심서에서 이렇게 정리하였다.

"천박한 목민관은 관아를 자기 집으로 알아 오랫동안 누리려 생각하고 있다가 해임통보를 받거나 해임소문을 들으면 놀라고 당황해 보물을 잃어버린 것처럼 어찌할 바를 모른다. 처자는 서로 바라보며 눈물 흘리고 아전과 종은 몰래 훔쳐보며 비웃는다.

현명한 목민관은 관아를 여관으로 생각하고 이른 아침에 떠날 것처럼 장부와 서책을 깨끗이 해 두고 행장을 묶어둬 가지에 앉은 가을새가 훌쩍 떠나갈 듯 하고 한 점의 속된 애착을 조금도 남겨두지 않는다. 교체공문이 이르면 즉시 떠나고 활달한 마음가짐으로 미련이 없어야 맑은 선비의 행실이다."

옛날이나 지금이나 사람 사는 모습들은 다르지 않다. 과식이 몸을 망치듯이 적당할 때, 좀 아쉬운 때 '손놓고 떠나는 지혜와 용기'는 인생의 풍요롭고 다양한 멋과 맛을 알게 한다.

내가 나에게 바통터치를 하자.
'과거의 나'로부터 '앞으로의 나'에게 '바통'을 넘길 때
내 인생의 '이어달리기'는 지속되는 것이다.

은퇴는 성장을 멈추는 것을 의미하는 것이 아니라, 새로운 성장을 시작하는 시간이다.

은퇴,
하늘이 준 선물

Revival

은퇴자는 결코 패잔병이 아니다.
'만기제대' 한 명예로운 전사다.

　직업, 결혼의 선택에 진지하듯, 은퇴 후 삶은 그 이상으로 강한 결단과 용기 있는 선택이 필요하다. 인생은 사다리 줄긋기와 같은 의외의 변화와 굴곡이 있다. 항상 도전과 기회가 있고, 그때마다 결단하고 선택하여야 한다. 그런데 사람들은 지난 세월 '눈 깜짝할 사이' 였다고 허무해 하면서도 앞으로 남은 세월이 영원할 것처럼 또 우물쭈물 헛되이 보낸다.

　부활의 시기, 더 이상 우물쭈물 하지 말자. 때는 다시 돌아오지 않는다. 뭐든지 가슴 설레는 추억을 만들고 간직하자. 언제는 없다. 좋은 시간도, 새싹 돋는 환희의 계절도 잠깐이다.

참으로 은혜 받은 선물인 '은퇴'를 우리는 젊은 시절 방탕한 생활을 하듯이 또 다시 헛된 쳇바퀴만 돌리고 있다. 과거를 연장시키려고 안간힘 쓰고, 현재의 삶을 아름답게 가꾸지 못하는 시행착오의 삶을 반복해 가면서 그것이 인생이라고 자위하면서 살아간다. 또다시 헛되이 보낼 것인가?

은행잎이 노란 색으로 낙엽 되어 비 내리는 요즘 풍경. 친구는 오랫동안 못 봤더니 '틀니' 하고 나타나고, 앞으로 그 모습조차도 볼 수 없게 되면 '부음' 으로 들릴 것이다. 지금 그런 소중한 목숨과 맞바꾼 시간을 살고 있다.

우리는 살아오면서 일하지 않는 것은 죄라는 무의식에 사로잡혀서 죽을 때까지 일 할 수 있으면 그것이 곧 행복이라고 생각하며 산다. 정말 그런가? 정말로 일 할 때만이 행복했던가? 일하면 경제적인 뒷받침이 되기 때문에 그것에 대한 기대로 희망을 갖고 있어서 행복하다고 착각하며 살고 있는 것이 아닐까? 일하지 않으면 뭘 하고 지내야 할 지 모르고 벌어놓은 것이 없어 하루하루 살기가 벅차고 두려워서 그런 것은 아닐까?

생각해 보라. 우리는 정말 언제 웃고 즐기고 아무 생각 없이 편안하였을까? 결국 놀고 즐기고 쉴 때 우리는 행복했던 것이다. 그 잊었던 행복의 원류를 찾았는데 왜 또 그것을 잊으려 하는가? 왜 낙오병처럼 어깨를 늘어뜨리고 있는가? 은퇴자는 결코 패잔병이 아니다. 우리는 '만기제대'한 명예로운 전사이고 우아한 은퇴자가 되어야 한다. 자유를 만끽하고, 본래의 자연대로 삶을 살 수 있는 기회가 온 것이다. 우리는 매일매일 생존을 위해 얼마나 부자연속에서 살아왔던가? 먹고 싶을 때 먹고, 자고 싶을 때 자고, 일어나고 싶을 때 일어나고, 놀고 싶을 때 놀 수 있는 것이야말로 자연스러운 삶의 방식인 것을 우리는 잊고 살아왔다. 내 몸이 움직이고 싶어 하는 대로 살아가려면 자유의 시간을 확보해야 한다. 그것이 은퇴인 것이다. 직장에서 나왔다고 스스로 위축되고 또 다시 뭔가에 예속되어 정형화된 생활을 찾아 나서려 하는 것은 제대한 군대를 다시 자청하여 입대하려는 것과 무엇이 다른 것인가? 정말 그러고 싶은가?

늙은이처럼 행동하기 시작하면 나이가 몇 살이든 나의 청춘기는 시들기 시작한다. 젊어서부터 일부러 늙은이처럼 행동하면 나이 들고 나서도 잘 고쳐지지 않는 습관성 조로증이 생긴다. 성적 조로증(早老症)을 겁낼 게 아니라 생각과 행동의 조로를 두려워해야 한다. 40대에 60대처럼 사고하고, 나이 70에 세상 다 산 것처럼 행세하면 숨은 쉴지언정 살아 있는 것이 아니다. 진정한 삶을 살고 싶다면 지금 내 인생에 충만한 삶, 오늘 현재에 흠뻑 빠져드는 삶, 그 속에서 즐기는 늘 푸른 삶을 살아야 한다. 은퇴 이후에 어떻게 내 삶을 규정하고 받아들이느냐에 따라서 멋있는 부활기를 경작할 수도, 시들어가는 조로의 시기를 맞이할 수도 있다.

일하며 돈 벌던 때와 놀면서 밥 먹는 시기도 있다. 무슨 일을 하든지 스스로 빛나는 자리를 만들어서 그곳에서 놀자. 노는 것도 일이다. 놀며 사는 인생도 의미 있는 것이다.

어떻게 놀 것인가? 남들 눈에 띄는 삶은 어항의 물고기, 새장의 카나리아 같은 삶을 사는 것이다. 그런데 왜 모두 그런 삶을 못 가져 안달하는가? 뭍에 오른 물고기, 새장에 갇힌 새가 얼마나 즐거울 수 있을까? 주목받지 않고도 얼마든지 아름답고 즐거운 인생을 살아갈 수 있다. 잊혀진 삶이 진짜다.

은퇴는 명예로운 것이다. 은퇴는 하늘이 준 선물이다.

아, 옛날이여!

나의 존재는
조직을 떠나 아무것도 아니었다.
아무것도 아닌 나는 도대체 무엇일까?

오로지 일과 회사밖에 모르던 회사인간이 퇴직 후 가정에 들어와 앉으니 시간은 많은데 할 일은 없다. 그동안 일에 파묻혀 살다가 어느 날 갑자기 할 일을 잃어 버린 회사인간은 회사를 떠나서는 자신을 위한 확실한 라이프 플랜도, 멋진 취미도, 제대로 갖고 있는 게 없다. 아무것도 아닌 나는 도대체 무엇일까? 갑자기 시간은 넘쳐나고 할 일은 없을 때, 은퇴와 동시에 아무것도 아닌 존재가 되었을 때 누구나 느끼는 왜소함 속에서 스스로에게 던지는 물음이다.

지금까지 일에만 매달려 왔던 샐러리맨일수록 일을 그만둠과 동시에 모든 관계가 뚝 끊어져 버린다. 그때까지의 인간관계가 모두 일로써만 이어져 왔기 때문이다. 회사 내에 친구가 많고 회사 안팎으로 친한 사람이 많다고 자신했어도 막상 회사를 떠나면 그때부터 사람들이 조금씩 없어진다. 결국에는 아무도 없다. 사는 세상이 다르기 때문이다. 내 주위에 사람들이 없어지는 것은 이상한 일이 아니다. 일로 맺은 인간관계는 '일'이라는 연결고리가 사라지면 바로 그 순간 끊어진다고 생각해야 한다. 살아온 길에 만난 사람들이라는 것이 오로지 회사인간들이고, 업무 틈틈이 만나고 사귀고 했던 것들이 진정한 자신의 인간관계라고 철석같이 믿고 살아왔던 우리들에게 퇴직 후에 가장 먼저 다가오는 충격은 바로 '내 주위에 사람들이 없다'는 사실의 깨달음이다. 이것은 엄청난 불안과 고독감을 동반하면서 다가온다. 그때의 무력감과 상실감은 회사인간일수록 지위가 높을수록 크다. '현직에 있을 때 아무리 바쁘더라도 틈틈이 취미활동도 하고, 일 외의 사람들과도 자주 어울렸어야 했는데…' 하는 후회로 가슴 답답하지만, 이미 지나간 세월은 돌이킬 수 없으니 스스로가 한심하다.

조직을 떠나 맨몸으로 나설 때 누구나 느끼는 왜소함. 나의 존재는 조직을 떠나 아무것도 아니었다. 계급장을 뗀 후의 나는 그저 동네의 평범한 아저씨일 뿐이다. 일에서 손 뗀 후 내가 할 일은 아무것도 없다. 할 수 있는 일도 없다. 직장이 없으니 갈 곳이 없고 일이 없으니 할 것도 없어졌다. 그러기에 그들은 옛날의 그림자를 붙들고 그 주위를 맴돌며, 그때 그 사람들과 끼리끼리 어울리면서 그럭저럭 소일하고 지내는 것이다.

이곳도 저곳도 갈 곳이 없는 경우는 남 보기 창피하고 하루 종일 집에서 TV로 소일하는 게 지겨워서 오피스텔 얻어놓고 왔다 갔다 하는 게 그중에서도 가장 근사한 일이다. 동창회, 동호회, 퇴직자 모임, 후배초청행사에 부지런히 참석한다. '목에 힘주고 권위 내세우면 나만 외롭지 요즘 세상에 누가 알아주나' 그런 생각으로 이 모임 저 모임 헤매며 다닌다. 별 하는 일 없이 혼자서 우두커니 지내면서 점심약속, 저녁약속, 골프약속이 일과다. 모임이란 모임은 다 찾아다니면서 점심, 저녁, 술과 정치이야기로 소일한다. 총리 장관을 지냈든 대기업의 최고경영자 임원을 지냈든, 대학 총장이든 대학교수든 조직을 떠나 일이 없어지면 하루하루를 보내는 것은 동네 구멍가게 아저씨의 하루와 별로 큰 차이가 없다.

치열한 생존 경쟁에서 갖은 수모와 속박을 견디면서 세상과 타협하고 주위에 아첨하면서 소금에 절여진 배추처럼 적당히 삭은 중년. 지친 몸을 이끌고 귀가하는 머리 허연 그를 맞이하는 그 집에 내가 쉴 곳, 나의 집은 없다. 가장이라고 집에 버티고 있어 봐야 할 일도 없고 권위도 없다. 아내는 남편이 집안에 버티고 있으니 달갑지 않다. "어쩌다 이런 신세가 됐나!" 싶어 심정이 착잡하기 이를 데 없다. 그저 새로운 동거인이 되어버린 고독하고 초라한 모습의 가장이라는 이름의 중년. 마누라와 자식들을 붙잡아 앉혀놓고 "나는 일밖에 몰라 큰 재산 모은 것 없고 아부할 줄 몰라 출세하지 못했지만 세상에 부끄러운 짓 하지 않고 살아 왔다."고 울부짖듯이 말해 보지만, 이미 수없이 들었던 흘러간 넋두리며 자화자찬의 녹슨 훈장일 뿐이다. 지난날이 그립다.

힘이 약해지면 남자들은 위엄을 상실한다. 일본에서는 이런 퇴직 후 남자들에 대하여 '덩치 큰 쓰레기', '산업 폐기물', '물에 젖은 낙엽', '공포의 나도족' 이라고 말한다고 한다. 참 고약한 표현이지만 나 또한 이런 대접 안 받으리라고 장담 못 한다.

우리는 사회에 진출하기 전 20년을 준비했다. 그런데 퇴직 후를 위해서는 별다른 준비를 하지 않았다. '생각할 여유가 없었다.' 일에 쫓겨 바쁘게 살다보니 '어떻게 되겠지.' 지금까지 그럭저럭 살아왔으니까 어떻게 생각하고 준비해야 하는지 모르겠다. 대부분의 사람들이 이렇게 은퇴 후를 맞이한다.

이렇게 대책 없이 퇴직을 하면 사회로부터 버림받는 것은 시간 문제다. 어느 날인가 필연적으로 마주쳐야 할 은퇴의 시기를 아무 생각 없이 나이만 먹고, 미리미리 준비해 두지 않으면 퇴직 후 힘겨운 생활을 오랫동안 보내게 된다. 그리고 방황하면서 '구차하고 덤 같은 여생'을 살아간다. 입학, 취직, 결혼 등등 살아오면서 중요한 고비마다 힘껏 준비를 하고 노력을 해왔지만 그 모든 것을 합한 것보다도 더 중요하고 절실한 것은 은퇴 후를 위한 대비다.

이제부턴
하고 싶은 일을 하고 살자

Revival

은퇴는 하고 싶은 일을 하게 되는 시작이다.
그것을 결정하는 것은 바로 나 자신이다.
이제 기회가 왔다.

이제 나는 내가 되고 싶은 사람이 될 수 있다.

이제 나는 이 세상에서 내가 설 자리를 스스로 만들어야 한다.

이제부터 어떤 삶을 살아갈지는 내가 결정한다.

나비가 스스로 고치를 뚫고 나오지 못하면 그 나비는 제대로 날지 못한다고 한다. 고치 속의 애벌레가 몸부림치며 고치 속에서 나오려고 할 때 그 모습이 애처로워서 도와주게 되면, 그렇게 고치 밖으로 나온 나비는 결코 날지를 못한다는 것이다.

우리 인간도 마찬가지다. 성장기는 물론, 노후를 잘 보내기 위해서도 스스로 설계하고 스스로 행동할 수 있도록 모든 것이 언제나 '혼자서 가능한' 그런 것에서 출발하여야 삶이 단단해진다. 우리는 살아오면서 이것이 얼마나 진리인가를 뼈에 사무치도록 겪어 보지 않았는가.

은퇴 후가 고단하고 지겨우면 지난 세월의 영화는 한낮의 꿈과 같다. 은퇴 후의 삶이 여유롭고 즐거우면 지난 시절 어려웠던 기억도 아름다운 추억이 된다. 세상만사는 끝이 좋아야 다 좋기 마련이다. 일정한 나이가 들 때까지 꾸준히 일하다가 은퇴하고 조금 살다가 그냥 죽는 인생, 아니면 죽을 때까지 일하면서 버티는 인생, 그런 인생은 결코 되풀이하지 말자.

"나는 그런 식으로 여생을 보내기 싫다. 본격적인 인생을 다시 한 번 도전해 보고 싶다. 그것도 지금까지 경험한 인생이 아닌 전혀 새로운 분야에서. 주위의 평가는 아무래도 좋다. 멋지게 생활 전선에서 철수하여 그 후에는 내가 하고 싶은 일에 시간을 보내려 한다."

이런 각오와 준비로 내 인생의 부활을 시작하자. 젊음에 대한 환상과 나이 드는 것에 대한 두려움을 떨쳐버려야 할 때다. 누구에게도 의지하지 않고 과거에 연연하지 않으며 스스로 만족하며 조용히 살아가는 것, 이러한 것을 잘 해낸 사람이 결국 뛰어난 인물이고 성공한 인생이다.

일을 계속할 것인가 그만둘 것인가? 몇 살에 퇴직을 할 것인가? 회사에서 정해진 정년을 기다리지 말고 스스로의 정년은 스스로가 정한다. 물러날 시기를 스스로 정하는 것이 진정한 은퇴이다. 그런 의미에서 정년이란 정년(停年)이 아니고 정년(定年)이라고 생각해야 한다. 무슨 일이든 자신이 진실로 하고 싶었던 것을 할 수 있다면 그는 현역이다. 육체의 정년은 있으나 하고자 하는 뜻이 있는 곳에 정년은 없다. 하고 싶은 일이 있는 사람은 몇 살이 되더라도 쓸쓸한 정년은 찾아오지 않는다.

'인생 한 번 사는데 남이 내 운명을 정하게 내버려두고 싶지 않다. 실패하더라도 내가 결정한다.'

이런 말은 젊은 시절 도전과 모험으로 세상과 맞짱 뜰 때 한 번쯤은 해 봤던 말이다. 유감스럽게도 현실은 미적미적 하면서 남들 뒤에서 조심조심 발자국을 따라가며 흉내내는 인생을 살아오기에도 숨차다. 그렇다고 지난 세월을 후회하고 자괴감에 빠져 있을 수만은 없다. 지금 부활의 시기를 맞이하여 한껏 내가 그린, 나만의 포트폴리오를 가지고 황홀한 인생을 경영해야 한다. 우리의 인생이 행복하지 못하면 우리는 하늘이 우리에게 주신 소명을 다하지 못하는 것이다. 우리 인생은 행복하기 위하여 태어난 것이다. 그것을 이제 인생을 살아온 경험과 지혜로 부활시킬 수가 있는 것이다.

  인생에서 '해야 할 일을 마치면 하고 싶은 일'을 해야 한다. 일을 마치면 나는 무엇이 하고 싶은가를 꿈꾸면서 일을 하여야 하고, 일을 마친 후에 하고 싶은 일을 할 수 있다면 그 인생은 행복하다. 그런 인생을 설계하여야 한다. 그러므로 정년이나 은퇴라는 것은 마침이 아니라, 기다리고 기다리던 하고 싶은 일을 하게 되는 시작이고 기회인 것이다. 바로 그런 오늘을 바라고 바라면서 그 길고도 먼 길을 걸어온 것이다.

  내가 무엇을 할 때 가슴이 뛰고,

  무엇을 할 때 힘든 줄을 모르고,

  무엇을 하고 있을 때 시간 가는 줄 모르고,

  먹지 않아도 잠자지 않아도 기쁘고 신나고 힘나고,

  그것을 생각만 해도 가슴 뛰는,

  그런 것들이 무엇이었던가?

  그런 것들이 언제였던가?

  그런 것들이 어디서였던가?

  그런 것들이 누구와 함께였던가?

  그것을 찾아내고 그것에 푹 빠져도 좋은 때가

바로 부활의 시기다.

일본의 전 총리 고이즈미 준이치로, 국회의원을 36년이나 했고 총리를 5년 5개월 동안 재임하였지만 그것은 하나도 부럽지 않다. 그런데 그가 퇴임 후 가장 먼저 200쪽 분량의 《음악편력》이란 책을 발간했다는 기사가 나를 부러움에 빠지게 한다.

처칠 수상의 글과 그림 취미가 부럽다. 아마추어로서 등산, 서예, 사진, 미술, 음악, 노래를 즐기지만 그 경지가 만만치 않아 본인의 큰 즐거움이 된 사람들. 그들이야말로 인생을 제대로 살아낼 줄 아는 사람인지라 그들이 부럽다. 취미 분야에서도 전문가의 경지에 다다른 그런 이들을 보면 나는 한없이 부럽다.

봉사활동에 앞장서며 틈틈이 집필로 25권의 책을 쓴 지미 카터 전 미국 대통령(84세). 현재 조지아 주 작은 농촌마을에 사는 그는 창고에 소박한 목공 제작실을 꾸며 놓았다. "서재에 앉아 책을 쓰거나 공부를 하다 스무 발자국쯤 걸어 창고로 가는 건 내게 휴가를 떠나는 것과 같다."며 가구 만들기의 즐거움을 털어 놨다. 나무를 기르고 가꾸는 사람, 나무를 깎고 다듬는 사람, 그런 나무를 닮은 사람이 되고 싶다. 그런 올드보이가 되고 싶다.

인생의 황혼기를 기쁨으로 이끌어 줄 수 있는, 그런 것이 무엇인가를 결정하는 것은 바로 나 자신이다. 그런 것을 아는 것이 곧 '나 자신을 아는 것'이기도 하다.

이렇게 기다리고 기다리는 퇴직 후의 디자인을 미리 미리 해 놓아야 한다. 지난날 못 이뤘던 꿈을 다시 꺼내 이루며 사는 삶, 새롭게 꿈을 꾸고 새로운 삶을 만들며 사는 삶, 은퇴를 손꼽아 기다리는 그 무엇을 만들며 살자. 그런 삶이 가능한 때가 바로 부활의 시기다. 사람은 아무것도 걸치지 않았을 때의 참모습이 당당해야 진짜 성공한 자이다. 자연인으로 돌아갔을 때 의연(毅然)하고 목욕탕에서 벌거벗었을 때 가장 늠름한 자 누구인가?

대책 없이 허둥대면
그곳이 늪이다

Revival

준비할 여유도 없이
덜렁 맞이한 은퇴,
허둥대는 발끝이 늪을 향한다.

태양은 뜰 때와 질 때, 딱 두 번 그 존재감을 크게 나타낸다.
순식간에 떠오르는 일출, 삽시간에 저버리는 일몰. 인생도 이와
같다. 호기롭게 솟구쳐 오르던 청운의 시기는 잠깐이다. 정신없
이 자신을 돌볼 새도 없이 숨차게 뛰어온 길이다. 그러던 것이
어느덧 정년이고 은퇴의 시기를 맞이하였다. 자신의 인생에서
가장 정상에 올랐던 몇 년간은 눈 깜짝할 사이에 사라지고 어느
덧 은퇴의 시기를 직면한다. 준비할 여유도 없다. 그런 우리들의
삶에서 은퇴는 내 시간, 즐겁고 여유로운 시간이 나에게 주어졌
다는 것을 의미한다. "일 할 수 있을 때까지 일하겠다."와 "몇 살

까지만 일하고 그 후엔 재미나게 살겠다."와는 삶의 빛깔도 모습도 완전히 달라진다.

김장해 놓고 연탄 들여놓으면 그 해 겨울은 따뜻하고 편안했다. 그 해 겨울은 걱정이 없이 지냈다. 재미있는 부활의 인생을 살려면 우리는 무슨 준비를 어떻게 해야 할 것인가?

"난 몸 움직일 때까지 장사할 겨. 쉬는 놈들 얘기 들어보니께 장사에서 딱 손을 떼 버리구 놀러 다니기 시작하면은 '내일은 뭐 하구 논댜?' 하는 걱정이 이만저만이 아니라구 하지 않어, 어허허." 시골에서 50년 동안 쌀장사를 해왔다는 칠순이 넘은 어느 노인의 말이다. 이런 인생도 있고 인생이란 다 그런 것 아니냐고 말할 수도 있겠지만 이런 삶의 방식이 부러울 수야 없는 일 아니겠는가? 그렇지만 아무 생각도 대책도 없이 덜렁 은퇴를 맞이하면 이런 사람처럼 살기도 어렵다.

누구나 잘 나가던 때가 있었다. 그러나 미래를 생각하지 않는 대책 없는 인생을 산 자들은 은퇴 후, 실직 후, 곧바로 빈곤한 삶의 광장으로 나앉는다. 퇴직 후 뭔가 해보려고 투자하다가 다 잃고, 이자 많이 준다는 말에 혹해서 퇴직금 맡겨 놓았다가 홀랑 날리고, 큰 사무실에 여비서와 기사 딸린 차량 주고 대우한다기에 대표이사에 취임하였으나, 얼마 못 가고 회사가 부도나서 보증 책임지고 있는 재산 몽땅 날린다. 주식에 손대 크게 손해를 보고 집안이 파탄 났다. 앞으로 살아갈 날이 사회활동한 시기보다 더 남았는데 이 노릇을 어찌할 것인가?

빈곤한 은퇴의 시기는 지나온 시기보다도 훨씬 더 길 것이다. 지옥이 따로 없고 살아도 사는 게 아니다. 퇴직 후 막연한 불안감을 견디지 못하고 무엇엔가 의지하고 싶은 마음에 이런 일을 당한다.

허둥대는 발끝이 늪을 향한다.

정말 큰일은
이제부터다

100세 장수의 시대,
할 일은 없고 돈은 떨어졌다.
이제 뭘 먹고, 살아야 하나?
이제 뭘 하고 살아야 하나?

보통사람들도 100세 가까이 장수하는 시대가 되었다. 100세는 더 이상 따질 문제가 아니다. 현실이다. 그저 수명만 늘어난 게 아니라 더 건강하게 오래 살게 되었다. 평균수명이 늘었으니 예전 나이 기준으로 살면 안 된다. 지금의 60 환갑 나이는 예전의 40 나이와 비슷한 건강 나이를 가지고 있다. 지금 나이에 70%를 곱하면 실제 나의 건강 나이가 된다고 한다. 그만큼 옛날보다 더 건강해졌다는 말이다. 그러니 앞으로는 내 삶의 모든 면에서 기대했던 것보다 훨씬 긴 계획을 세워야 한다. 아무도 경험하지 못하고 겪지 않았던 길을 개척하면서 걸어가야 한다.

모든 영역에서 삶의 각본을 다시 쓰지 않으면 안 되게 되었다.

그런데 유감스럽게도 우리에게는 길을 보여줄 로드맵도 역할 모델도 별로 없다. 자신을 새롭게 탄생시킬 수 있는 멋진 기회가 주어진 것이지만, 이 시간에 새로운 희망과 즐거움을 설계하지 못하면 감당할 수 없는 저주의 선물이 된다. 인구의 증가, 특히 인구의 노령화 때문에 얼마나 큰 사회적 파장이 일어날지는 지금으로서는 정확히 알 수 없는 일이지만, 분명한 것은 상상했던 것보다 훨씬 더 심각한 문제로 다가올 것이라는 사실이다.

노령인구의 증가는 사회 전체의 문제로 닥쳐오지만 이들에 대한 국가 차원의 보호와 지원은 기대할 수가 없을 것이라는 점 또한 확실하다. 나라가 해 줄 수 있는 일이라는 것은 국민연금과 의료보험에 의한 돌봄인데, 이런 것들이 더 이상 지탱할 수 없는 지경에 빠질 것이라는 것이 대책 없는 국가적 걱정거리다. 그때가 되면 국가가 국민을 보호하는 국가책임은 포기하고, 국민 각자 각자가 스스로 책임질 수밖에 없게 될 것이다.

인간의 기대수명은 지난 50년 사이에 거의 30~50년 늘어났다. 장기나 조직의 이식이나 교체기술, 각종 호르몬 대체요법, 유전자 조작 등 '미래 의학'의 획기적 발달을 감안하면 보통사람도 120세를 넘게 사는 시대가 머지않았다고 한다. 인간이 150

세까지도 살 수 있다는 주장이 나오고 있는 판이다. 앞으로 2, 30년 안에 수명을 30% 정도 연장시키는 약이 개발돼 지금 살아 있는 사람 중 한 명이 첫 번째 150세 기록을 세운다는 것으로, 이 주장을 편 사람은 미국의 스티븐 오스태드 텍사스대학 교수다. 그는 2000년 한 학술지에 "2050년까지 인간의 최고 수명이 150세에 도달한다."는 논문을 내었다. 그리고는 내기까지 걸었다고 한다.

이렇게 오래 살 줄 알았다면 무언가 길게 할 수 있는 일을 생각해두어야 했는데, 은퇴 후 해외여행이다 뭐다 하면서 현직에 있을 때 일에 쫓겨 못해 본 한을 풀다보니 뭉텅뭉텅 돈을 다 써버리고, 이제부터는 남은 돈을 매일 헤아리면서 쪼개고 또 쪼개며 궁상맞게 살 수밖에 없게 된 것을 한탄한다. 위태위태한 여명을 살아갈 수밖에 없는 현실을 외면할 수 없게 되는 것이다.

평생을 일에 매달려 살아오면서 그것이 삶이라고 어설픈 인생관을 내세우며 살아왔으나, 막상 이제껏 해오던 직업을 놓고 나니 아무 할 일도 없고, 뭘 해야 좋을지 하고 싶은 일도 생각해 놓은 것도 없다. 돈도 없고, 일도 없고, 하루하루 보내는 것이 괴롭다. 일에 치여 헤매던 지나온 과거를 그리워하면서 옛날의 추억을 먹고 사는 신세가 되었다.

돈만 있으면 의학의 발달로 건강도 얼마든지 챙기고 나이 먹은 사람들도 세상을 즐길 수 있는 세상이 되었는데 이런 세상을 내다보지 못하였으니, 눈앞에 놓여 있는 좋은 시절을 그저 물끄러미 바라만 보고 있을 뿐이다. 그러니 수명의 연장은 있는 사람에게는 축복이지만 없는 사람에게는 재앙이고 지옥 같은 삶의 연명일 뿐이라는 말을 뼈저리게 느끼며 그냥 그렇게 마지못해 살아갈 수밖에 없을 것이다.

퇴직을 앞둔 중·장년들, 현재는 고달프고 미래는 불안하다. 세상에 존재하는 고통은 과거나 지금이나 여전하고 앞으로 어떻게 살아가야 할지 방황한다. 세상은 우리가 상상하는 것보다도 훨씬 더 빠르게 변하고 있다. 뭔가 거대한 변화가 일어나고 있다. 은퇴 시기는 점점 더 빨라지고 살아가야 하는 날은 더 길어지면서 돈을 벌어야 할 기간도 오히려 늘어나고 있다. 모든 것이 빠르게 진행된다.

40대, 50대 초반에도 퇴직자가 속출하는 시대를 맞이하게 되었다. 50세면 은퇴하는 시대에 중·고령자는 이제 설 자리가 없다. 그 결과 퇴직 후 오랜 시간을 별 소득 없이, 별 할 일도 없이 보내야 하는 위험에 처해 있다. 벌어 놓은 돈도 없이, 예순 살 넘어야 받게 될 적은 연금에 의지해서 살 생각하니 앞날이 깜깜하다. 일생에서 가장 돈이 많이 들어가는 시기에 직장은 없고 소득은 급락하니 고달픈 삶이 시작된다. 유럽은 나이 들면 자발적 실업을 택하는 경우가 많다는데, 우리는 늙어서도 쉬지 못하고 악착같이 일해야 먹고 사는 문제가 겨우 해결된다. 그야 말로 늙어죽을 때까지 무슨 일이고 해야 살 수가 있으니, 자발적 은퇴란 꿈같은 말이고 부럽기만 한 남의 나라 얘기로밖에 안 들린다.

정년퇴직한 베이비부머(baby boomer)들이 준비 없이 창업시장으로 쏟아져 나오고 있다. 한국의 베이비부머는 6.25전쟁 직후 출산율이 크게 높아진 시기에 태어난 1955~1963년생을 말한다. 이렇듯 직장을 그만둔 베이비부머들이 생계형 창업시장에 줄줄이 뛰어들고 있지만 참담한 실패를 보는 경우가 허다하다. 직장을 그만둔 뒤 조급한 마음에 '무작정 창업'을 하는 '준비 안된 창업'은 대부분 실패를 부르기 때문이다.

이 세대는 자녀교육, 부모부양, 노후준비 등 3중고에 직면해 있다. 자식 키우고, 부모 모시는 데 시달리느라 정작 자신의 노후는 제대로 준비도 못하고 있는 것이다. 이 세대는 부모 봉양하는 마지막 세대이고, 자식에게서 돌봄을 받지 못하는 첫 세대가 될 것이다. 한국사회에서도 전통적인 가족관계는 이미 해체되어 가고 있다.

퇴직 후 최소한의 삶을 유지할 안전장치가 준비되지 못하면 이렇게 인생은 급락하고 사실상 백수로 여생을 이어갈 수밖에 없다. 사는 게 사는 게 아니고 살고 있지만 살아 있는 게 아니다. 돈도 없고 할 일도 없이 매일매일을 어떻게 살아가야 할까? 그야말로 살아생전에 지옥을 만날지도 모른다.

어물거리고 막연히 뭉게구름처럼 생각만 하고 있다가는 말년에 궁핍하고 초라한 노년을 맞이하지 않는다고 아무도 보장하지 못하는 시기가 이미 눈앞에 닥쳐왔다. 우아한 노년을 맞이하고 싶은 꿈을 이루려면 지금부터 자신의 포트폴리오를 그려놓아야 한다. 지금 나이가 몇 살이든 간에 빠르면 빠를수록 좋다.

인정하고 싶지 않고 내 생전에는 겪고 싶지 않은 일이지만 고령화시대의 재테크 전략은 필사적인 '생존의 전략'인 것이다.

정말 자립심을 키워야 할 때는 은퇴 후다. 자신의 생활을 가족, 특히 자식에게 의지하지 말고 서서히 자립을 할 수 있도록 대비해 두어야 한다. 경제적으로 여유가 없는 데에서 부부간의 갈등은 일어나고 자식과의 관계는 멀어지기 시작한다. 은퇴 후에 발생하는 가족과의 갈등은 대부분 경제적인 문제에서 나타난다. 자립심은 키우고 자생력을 갖추는 것이야말로 성장기가 아니라 은퇴기에 접어든 사람들에게 반드시 필요한 일이다.

아무런 대책도 없이 어느 날 갑자기 퇴사했다. 때가 되면 떠나야 한다는 것은 잘 알고 있으면서도 하루하루 먹고 살기 바쁘다는 핑계로 퇴직 후의 일에 대해서는 "그때 가서 생각하자, 어떻게 되겠지, 다 살게 마련이야."하며 외면하고 지내왔으니 갑자기인 것처럼 보이는 것이다.

어릴 때 방학숙제 안하고 미루던 버릇이 어른 돼서도 마찬가지다. 사람들은 누구나 골치 아프고 힘든 일은 일단 뒤로 미뤄놓고 보는 성향이 있다. 그런 사람에게 무슨 준비가 되어 있겠는가? 생각은 없고 걱정만 있을 뿐이다. 오로지 생각이라는 게 걱정만 하는 것이다.

그렇게 갑자기 떨어져 나오니, 거세게 다가온 공허감을 잊으려고 엉뚱한 것에 몰두하고, 걱정을 잊으려고 괜히 혼자 분주하다. 해외여행, 골프에 이곳저곳 점심 저녁약속으로 일주일이 빡빡하다. "회사 그만두고 나니 더 바빠. 백수가 과로사 한다는 말이 맞나 봐." 하면서 아직도 나는 살아 있고, 찾는 사람이 많고, 오라는 데도 갈 곳도 많다는 것을 과시한다. 갑자기 다가온 공백, 마음의 허전함을 메우려 정신없이 헤매면서 잊고 살려고 애쓰는 것이다. 불안해지고 외로워서 부랴부랴 또 무언가 쓸데없는 바쁜 일들을 찾고 만들어낸다. 다 자신을 속이고 남에게 허세를 보이기 위해서다. 무엇 하나 나의 인생에 보탬이 되고 보람이 있는 것은 드물다.

언제까지 과거의 껍질을 뒤집어쓰고 허울 좋게 살아갈 것인지 죽을 때까지도 모른다. 스페인 속담에 '꼬리가 가장 다듬기 어려운 부위'라는 말이 있다. 나이 들고나서의 삶도 이와 같아서 현명하게 꾸려가기가 쉽지 않다. 아름다운 은퇴, 우아한 노년생활, 멋진 실버 등등 말로는 화려하고 고상하지만 현실은 충격이고, 삶은 더더욱 고단하여 급기야는 빈곤에 빠지게 될 것이다.

이것이 다 본 게임 전의 연습경기에서 진이 다 빠지도록 헛고생을 한 결과이리라. 정작 내 삶을 살 수 있는 부활의 시대에 필요하고 절실한 건강과 경제력이 상실되었기 때문이다. 부활의 시기에 건강 잃고 돈이 떨어지면 그 시기는 마지못해 사는, 그야말로 죽지 못해 사는 처량한 빈곤의 시절을 겪게 되는 것이다.

처량한 노년의 5무 신세

노년무전; 수중에 가진 돈 없어 궁상떨며 살아가는 신세

노년무처; 아내 먼저 떠나보내고 혼자서 밥상 차려먹는 신세

노년무우; 가까운 말벗도 오래된 친구도 없이 홀로 쓸쓸한 신세

노년무사; 할 일도 취미도 없이 하루하루를 소일하는 신세

노년무력; 몸이 말을 안 들어 제 한 몸 간수하기도 어려운 신세

우리가 정말로 두려워해야 할 것은 부활의 시기에 닥쳐오는 두 가지 위험이다. '건강'과 '돈'의 문제다.

수명의 연장은 지금부터 우리에게 돈에 대해, 그리고 무엇을 하며 지낼 것인가에 대한 준비를 단단히 해야 함을 예고하는 시

그녘인 것이다. 수명은 늘어나는데 할 일은 없고 돈은 떨어졌다. 진짜 큰일은 이제부터인 것이다.

할 일을 찾는 것이 바로 일이며, 올바른 은퇴생활을 찾는 것이 바로 일입니다. 인생에서 가장 중요한 일을 생각할 때 당신은 그 일들을 함부로 다루지 않습니다. 직장을 아무렇게나 선택하지 않지요? 배우자도 아무렇게나 선택하지 않습니다. 집을 되는 대로 사지도 않지요. 그런데 어째서 은퇴를 아무렇게나 받아들입니까? 대개의 경우 되는 대로 은퇴할 가능성이 높습니다. 배우자나 직장 또는 집을 아무렇게나 선택했을 때 반드시 대가를 치른다는 사실을 잊지 말아야 합니다.

－진코헨 (조지 워싱턴대학 노령화연구소장)

버려야 할 것들,
익혀야 할 것들…

버려야 할 행태
보이지 말아야 할 모습
갖춰야 할 행동

이제부터는 멋지게 나이 드는 것이 우리 삶의 진정한 목표가 되어도 좋다. 이제 남아 있는 삶은 그동안 거부하고 애써 외면하고 깨닫지 못한 것을 위해 살아야 한다.

나이 들어가면서 우리는 버려야 할 것, 그리고 이때도 새롭게 갖추어야 할 것들을 잘 헤아려서 아름다운 대처를 해야 한다. 그것은 어려운 것도 새삼스러운 것도 아니다. 살아오면서 생활의 지혜로 깨달은 것들이고 삶의 두께로 몸에 배인 것들이다. 어느 것은 더욱 가꾸어 나가야 하고, 어느 것은 이제라도 깨끗이 버려야 할 것들이다.

이 나이 먹도록 이런저런 버릇들이 몸에 배여 있다. 퇴직 후 자유롭게 되면서 특별히 구애받을 일이 없어지고 긴장감이 사라지면서 맘대로 행동하고 함부로 말하며 풀어진 생활을 하게 되는 수가 많다. 퇴직은 하던 일을 벗어나는 것이지 내 인생마저 손 놓은 것은 아니다. 내 인생의 부활을 시작하여야 할 마당에 이렇게 풀어져 있어야 되겠는가?

내 비록 시골에 묻혀 산다 하여도

항상 몸을 청결히 하고

치아를 잘 관리하고

의복을 단정히 입도록 노력할 것이다.

그리고 생각을 깊게

몸가짐을 신중히

말을 적게 하는 생활신조를 지키고자 노력할 것이다.

-최영준 교수 《홍천강변에서 주경야독 20년》의 저자

노땅 취급을 받는, 버려야 할 7가지 행태

❖ 대낮부터 술 먹고 벌건 얼굴로 다니는 버릇

동창모임이다, 다니던 회사의 퇴직자 모임이다, 사회활동하면서 맺어진 인연으로 이런저런 모임이 많다. 어느 모임이든지 예외 없이 낮에 만나도 빠지지 않는 게 술이다. 낮부터 취해서 길거리에, 지하철에 벌건 얼굴을 내밀고 다닌다. 하루 중 딱히 할 일은 없고 만나서 밥 먹고 술 먹는 것 외에는 즐거움이 없으니 기를 쓰고 참석하고 예외 없이 마셔댄다.

❖ 매사에 열 내며 말하고 비판적인 말투를 내뱉는 버릇

모이면 저마다 정치평론가고 경제전문가 된다. 구독하는 신문에 따라 말하는 색깔도 다 다르다. 이게 문제고, 저래서 안 된다는 얘기들뿐이다. 이런 게 습관 들면 매사에 구시렁거리며 살게 된다. 대수롭지 않은 일에도 열내고 불평을 늘어놓는 버릇, 사사건건 불평하며 시시콜콜 따지고 간섭하는 버릇들은 노땅들에게 풍기는 냄새 중 가장 고약한 냄새요, 닦아도 없어지지 않는 찌들은 냄새다.

내가 겪고 본 것만이 다가 아니다. 나의 경험이 모든 진실을 증거하는 것이라고 우기고, 내가 보았기에 모두가 사실이라고 주장하는 것은 참으로 위험하다. 나이 먹은 사람들의 독선은 자신의 머리와 눈을 너무 믿는 데서 온다. 내가 경험한 것만으로, 내 눈으로 본 좁은 시야의 것들로 세상사를 단정하는 것이 독선이다.

❖ 인색함이 몸에 배면 내 삶에도 인색하게 군다

지나칠 정도로 인색함이 몸에 배이면 모든 일에 너그럽지 못하다. 칭찬과 격려, 이해와 배려 등은 아예 할 줄을 모른다. 돈 안 드는 것도 하지 않는다. 내가 조금만 마음을 쓰고 몸을 움직이고 시간을 내면 누군가에 큰 도움을 줄 수 있는데도 왠지 손해 보는 것 같아서 나서지를 않는다. 이게 모두 인색함에서 나오는 것들이다. 내 삶에 대해서도 궁상을 떨고 꾀죄죄하다. 자기 자신에 대해서도 너그럽지 못하고 항상 빡빡하게 다루니 사는 것이 고달프다. 나에 대해서도 어느덧 인색하게 굴고 있는 것이다. 의미 없고 불필요한 것들을 끼고 살며 아끼는 버릇들은 이젠 아낌없이 버려야 한다. 작은 것들을 아끼려다가 정작 중요한 것을 잃어버린다. 사소한 배려와 이해에도 인색하니 친구 다 잃고 돈 안 드는 작은 친절조차도 할줄 몰라 사람 다 잃는다.

❖ 얼굴을 찡그리며 말하고 남의 말에 토를 다는 버릇

누가 무슨 말을 해도 밝은 얼굴로 쳐다보는 법이 없다. 귀찮은 듯, 마땅치 않은 듯 일단 얼굴부터 찡그리고 쳐다본다.

누가 무슨 말을 해도 꼭 한마디씩 훈수 두려고 나선다. 내용이 어떻든 일단 한번 '토'를 단다. "그런데 말이야…", "그렇지만…", "그래도…", "하여간에…". 뭔가 한마디씩 거들어야 나이값을 한다고 촌스런 착각을 하고 있다. 이런 일이 자주 있으면 보수 꼴통소리를 듣기 시작하고, 자식들이나 후배들과의 소통은 점점 어려워진다.

"없을 거야" "안될 거야" 하는 말은 이제부터는 하지 말도록 하자. 내가 가진 알량한 경험만으로 무조건 "없을 거야" "안될 거야"라는 말은 하지 말자. 내 입으로 그런 말을 자주하면 내 몸에서는 어느덧 보수 노땅의 냄새가 풍긴다.

❖ **내 몸을 불결하게 막 다루는 습관**
- 머리 자주 안 감고 목욕 자주 안 하는 습관.
  냄새나고 더러우니 주위에서 멀리한다.
- 외출 후 돌아와서 씻지 않는 버릇.
  항상 감기를 달고 살고 가족에게까지 바이러스를 전파한다.
- 대 소변 보고 손 안 닦는 버릇.
  병균을 신속히 내 입으로 옮긴다.
- 식사 후 이 안 닦는 버릇.
  잇몸을 망가뜨리고 조기에 틀니를 하게 된다.

나이 먹고 자기 몸을 청결하게 하지 못하면 노인 ·냄새난다고 젊은이들이 슬슬 피한다. 노인 소리 듣는 것을 서글퍼하지 말고 그런 소리 듣게끔 행동하는 자신을 경계하자.

❖ 연장자의 특권이라고 멋대로 하는 행동

－남의 이목은 아랑곳하지 않고 큰소리 내어 떠드는 버릇

　'노땅' 소리 사서 듣는다.

－식사 중에 소리 내어 코푸는 버릇

　서양에서는 그게 흉이 아니라지만 칭찬받지도 못한다.

－이쑤시개나 치실로 꼼꼼히 이빨 쑤시는 버릇

　의사가 권하는 것은 남 없는 데서 하라는 말이다.

－식사 후 물로 '우루루루' 양치하는 버릇

　나는 개운할지 몰라도 앞에 앉은 사람은 토하고 싶다.

－젊은 여종업원에게 실실 농담 거는 모습

　처량하고 추저분해 보인다.

－나이 적은 사람에게 무조건 반말하는 습관

　몰상식하고 천한 짓이다.

－아무렇지도 않은 듯 트림하고 방귀 뀌는 모습

　모른 척 하지만 다시는 같이 자리하고 싶지 않다.

❖ 무관심은 무례다

"제 수업을 듣는 학생들은 모두 이름을 기억해요. 강의실에서 만나든 캠퍼스에서 지나치든 항상 이름을 불러줘요. 그럼 아이들이 먼저 다가와서 웃으며 인사해요. 정말이지 그것밖에 없어요."

항상 교수 강의 평가에서 1위를 하는 어느 대학 교수의 말이다. 제자에 대한 사랑과 친절이고 아랫사람에 대한 예의의 표현이다. 무관심하면 무례해진다. 관심을 갖고 상대를 상대해 주는 것, 나이 먹으면 누구에게나 이렇게 할 수 있어야 한다.

윗사람이 아래에 대하여 예의를 표할 때 그가 갖게 되는 것은 리더십이고 받는 것은 존경심이다.

가족 앞에서 보이지 말아야 할 12가지 모습

1. **잔소리하지 말라.**

   군소리, 잔소리는 체통을 잃는 지름길이다. 그렇다고 내 뜻대로 되지도 않는다.

2. **큰소리내지 말라.**

   조용히 말하면 권위는 더 발휘된다. 큰소리를 친다는 것은 권위가 없다는 표시다.

3. **군것질도 하지 말라.**

   약해 보이고, 없어 보이고, 주접스럽게 보인다.

4. **부부싸움하는 모습 보이지 말라.**

   자식들이 받는 가장 큰 상처다.

5. **속옷이나 반바지 차림으로 다니지 말라.**

버릇 들면 며느리, 사위 앞에서도 벗고 싶어진다.

6. 누워서 TV 보지 말라.

그래서 자식들이 가까이 오지 않는 것이다.

7. 술에 취해 거실에 퍼져 누워 자지 말라.

가장 망가진 모습을 보이고 있는 것이다.

8. 화장실을 청결하게 사용하라.

세면대와 변기를 더럽히지 말고, 변기 물 내리는 것 잊지
말라.

9. 잠자리를 보이지 말라.

아침에 일어나면 바로 침구 정리하고, 창을 열고 환기부터
시켜라.

10. 저녁 늦게까지 TV 끼고 살지 말라.

늦은 시간은 양보하고, 아침 시간을 확보하라.

11. 가족들에겐 자주 아프다는 소리하지 말라.

대신 동네 병원 의사에게 자주 가라.

12. 자식들에게 금전적으로 의존할 생각은 절대 말라.

자립의 정신은 부활의 기둥이다.

늦은 나이에도 꼭 갖춰야 할 행동들

이미 이런 습관을 가지고 있는 사람은 볼 것도 없이 자기가 원하는 일들을 이루고 살고 있을 것이고 틀림없이 건강할 것이다. 그렇다면 더욱 더 유지관리를 잘 하도록 하고, 그런 습관이 없다면 이제부터라도 몸에 익히는 것이 좋다. 이런 것들은 애나 어른이나, 젊어서나 나이 먹어서나 꼭 지키고 익혀야 할 습관들이다. 알면서도 못했던 것들이다. 사소하고 시시해 보이는 이런 것들이 정말 중요했던 것이다. 그러니 이제라도 열심히 하자. 이 중에 어려운 것은 하나도 없다. 이것도 하기 싫으면 할 수 있는 것은 아마 아무것도 없으리라. 핑계댈 일 또한 없으리라.

❖ 일찍 자고 일찍 일어나자

어려서부터 귀에 못이 박히도록 들어왔던 말이다. 학교 다닐 때나 회사 다닐 때 이것만 잘했더라도 내 인생은 더욱 풍요로웠을 것이다. 저녁을 버리고 아침을 차지하면 인생을 두 배로 살 수 있다. 저녁은 죽은 시간이고, 아침은 살아 있는 시간이기 때문이다.

아침에 보는 세상은 그동안 살면서 느끼지 못했던 새로운 세상이 있음을 알게 한다. 생각해 보라. 해진 후 컴컴한 곳을 누비고 다녀보니 무엇이 내 삶에 보탬이 되었고 내 건강에는 얼마나 도움이 되었던가? 해 뜨면 움직이고 해 지면 숨어드는 것이 세상의 자연 원리인데 그것을 어기며 거꾸로 억지부리며 살았으니 그것이 온당했을 리가 있겠는가?

아침을 내 것으로 만들면 삶의 시간이 두 배로 늘어난다. 세월 얼마 안 남았다고 초조할 것 없다. 이제부터라도 아침을 잘 쓰면 남은 시간은 원도 없이 많아지고 할 수 있는 일도 무진장 많이 생긴다. 일에 매달려 살 때는 새벽같이 활동하면 하루 종일 졸리고 피곤하여 가능하면 출근 직전까지 등을 붙이고 누워 있으려고 했지만, 이젠 아침 일찍부터 설치고 다녀도 아무 문제 없다. 낮에 졸리면 잠깐씩 눈을 붙이면 되고, 그런 낮잠을 즐기는 자유도 이 시기에 누리는 여유로움이다.

❖ 음식을 경건하게 먹자

음식을 먹는 행위는 나에게 생명을 주는 일이다. 하루에 세 번씩 경건하게 의식을 치르듯이 먹어야 한다. 의식은 몸을 단정히 하고 감사하는 마음으로 실시한다. 위장에게만 맡기지 말고 입에서 꼭꼭 씹어 즐기며 반쯤 소화시켜 내려 보내자. 위에도 좋고 치아에도 좋고 내 몸 구석구석 생기가 가득해진다.

아무거나 먹고 아무렇게나 먹으면 내 몸도 아무렇게나 되어버린다. 내가 나를 그렇게 취급했기 때문이다. 꼭 정해진 시간에 먹고 싶지도 않은 음식을 배고프지도 않은 시간에 꾸역꾸역 집어넣으니, 먹는 일이 즐거움이 아니고 하루에 세 번씩 꼭 치러야 할 의무적인 행사가 되어버렸다.

부활의 시기를 맞이하여 내게 주어진 여유와 자유는 바로 이런 의무로부터 벗어나 자유롭게 생활할 수가 있게 되었다는 것을 의미하기도 한다. 그런데도 습관이란 게 무서워서 꼭 시간 맞추어서 무엇이라도 행사 치르듯 먹게 되는데 이것은 내 자신을 내가 사육하고 있는 것과 무엇이 다르랴. 먹는 것은 평생 죽을 때까지 하는 일인데, 이것이 즐거움이 아니고 의무적 행사였으니 바로 그것으로부터 벗어나는 것, 이것 또한 부활의 시기에 시작해야 할 일이다. 먹고 싶을 때 먹고 내가 먹고 싶은 것을 먹는 자유 , 그리고 내가 먹는 음식에 경의를 표하면서 내 몸과 대화를 하며 먹는 일, 그것은 하루에 두세 번씩 내가 나에게 바치는 공양이고 미사를 드리는 종교의식과 같은 것이리라.

❖ 식사 후 바로 이를 닦자

틀니하고 임플란트 하며 큰돈 쓰고 고생하는 것은 이를 잘 닦지 않아서 그렇다. 그 간단한 것을 게을러서 귀찮다고 안하다 보니 그렇게 된 것이다. 틀니하고 얼굴 모양 좋은 경우는 없다. 잘못하면 그 즉시 노인의 모습을 연출한다. 식사 후 틀니 빼서 닦는 모습을 보이면 제 아무리 안간힘을 써도 노땅소리 못 면한다. 밥 먹으면 물 먹듯이 즉시 이를 닦자. 이제부터라도 열심히 닦자.

치아가 청결하지 못하면 입에서 구취가 나고, 입 냄새는 나이 먹은 티를 내는 가장 확실한 모습이다. 의사들이 치아 건강을 말할 때 하루에 3번, 식사 후 3분 내에, 3분간 이를 닦는 3·3·3법칙을 지킬 것을 권장한다. 이렇게 하면 평생 건강한 치아를 가지고 살 수 있고, 건강한 치아는 얼굴 모습을 좋게 만들어주고, 잇몸 질환의 예방은 물론 위장 건강까지도 튼튼하게 해 준다.

❖ 몸을 청결하게 하고 옷을 깨끗이 입자

나이 먹으면 몸에서 묘한 체취가 나온다고 한다. 바깥출입이 적으니 오래된 옷을 입은 채로 몇날 며칠을 보낸다. 외출복인지 잠옷인지 구분이 안 갈 정도로 적당히 입고 지낸다. 그렇게 지내다 보니 내 몸에 체취가 옷에 배여서 이상야릇하고 퀴퀴한 냄새가 나는 것이다. 이런 것을 노인 냄새라고 하면서 당연하다고 생각한다. 노인이라서 냄새가 나는 것이 아니라 활동이 적고 오랫동안 옷을 입어서 그런 것이고, 몸을 자주 씻지 않아서 그렇게 되는 것이다. 나이 들수록 더욱 자주 씻고 깨끗하게 갈아입을 줄 알아야 한다. 깨끗한 사람이 되는 것은 아주 쉬운 일이다.

❖ 남의 말을 좋게 하고 칭찬을 입에 달고 살자

덕담하고 칭찬하고 격려하는 것은 나에게도 행운을 가져오는 좋은 습관이다. 이제 경쟁의 시기도 지났으니 더 이상의 욕심도 내지 말고 무조건 좋은 말로 칭찬하고 격려하자. 다투고 상처받을 일이 없다. 나이 먹고 나서도 남을 험담하고 야단치며 입에 거품 무는 모습은 참으로 보기 흉하다. 덕담하고 남에게 좋은 말을 하고 살기에도 시간이 아깝다. 물론 남들이 다른 사람을 험담하고 나쁜 말을 할 때도 동조하거나 부추기지도 말아야 한다. 직접은 아니라도 남이 그렇게 할 때 넌지시 옆에서 거드는 것은 아주 비겁한 행동이고 어쩌면 더 나쁜 일인지도 모른다. 예전에 경쟁이나 이해관계가 있을 때 해왔던 나쁜 습관을 아직도 버리지 못하고, 나하고 상관도 없고 이해관계도 없는 사람을 대화의 도마에 올려놓고 말의 칼날을 들이대는 것은 보이지 않는 범죄행위나 마찬가지다. 그렇게 생각하고 스스로 정화된 생활로 들어가자. 이제부터 내 입에서 나오는 말은 정제되고 정화된 깨끗한 말만 하자. 그 즉시 내 몸과 내 마음은 생수처럼 맑아질 것이다.

❖ 낯선 이웃에게 웃으며 인사를 건네자

우리는 누구나 언젠가는 동네 사람으로 돌아온다. 우리가 뛰놀던 그 동네 그 골목은 아니지만, 그곳이 어디든 동네 주민이 되고 이웃사람이 되어서 돌아온다. 그때도 나의 과거를 들먹이며 거만하고 무뚝뚝하게 나다니면 받는 것은 주위의 손가락질뿐이다. 나이 먹었다고 무조건 존경받던 시대는 이미 전 세대에 마감된 흘러간 문화다. 헤픈 덕담이나 남발하고 가식적 겸손을 보이는 짓

일랑은 이제 그만두자. 그것은 경쟁시대에 써먹던 허례다.

나이 든 사람이 주위사람들에게 잔잔한 웃음을 건네고 가볍게 목례를 하는 모습은 존경을 따라오게 만든다. 이웃의 어린아이를 귀여워하고, 젊은 이웃들에게 미소를 지어주는 것은 나이 먹은 사람들이 줄 수 있는 아주 쉽고도 멋있는 선물이다. 잔잔하고 훈훈한 소통이자 말없는 교육이기도 하다.

인사를 잘하는 것은 어린아이가 어른에게만 해야 하는 것이 아니다. 어른이, 그것도 나이 먹은 머리 허연 초로의 신사가 이웃들에게 미소 띤 인사를 건네는 것은 참으로 멋지고 그 어떤 봉사활동보다도 아름다운 일이다. 나이 먹고 나서 무엇인가 사회에 봉사할 것을 찾기 전에 우선 이웃에게 먼저 인사하고 미소를 주는 것부터 시작하자.

어른이 보여야 할 최고의 솔선수범은 바로 이런 것부터 하는 것이리라. 쉬운 것, 내가 할 수 있는 것, 그리고 하고 나면 내가 더욱 기분이 좋아지고 얻는 것이 많은 것. 바로 미소와 친절과 먼저 하는 인사다.

❖ 체면치레는 버리고 친절은 더욱 보이자

체면치레할 나이는 이미 지났다. 맘에도 안 드는 것을 체면 때문에 억지로 하는 일 정도는 이젠 담담하게 하지 않을 수도 있는 나이가 된 것이다. 허례를 버리는 데는 용기가 필요하다. 진짜는 검소한데 얼치기가 요란하다.

　종가 음식연구가(이연자 씨)가 차린 간소한 설 차례 상에는 떡국 두 그릇, 나박김치, 과일은 밤, 곶감, 대추로만 올렸다. 그가 말한다. "전국의 종가를 110군데 넘게 다녀본 결과, 기제사가 아닌 명절 차례 상은 아주 간소한 제물로 차린다. 요즘 차례 상들을 보면 군살과 허례가 너무 많다." 정작 명가 종가에서는 허례가 덜한데 일반 가정에서는 많이 차리는 것이 좋은 줄 알고 잔뜩 차려서, 온 가족이 다 힘들게 하고 쓸데없는 낭비가 심하다.

　밥상이 한정식이 되면 이미 밥이 아니다. 밥에 격식과 모양을, 가짓수와 가격을 따지기 시작하면 그것은 이미 밥의 자격을 잃은 것이다. 한마디로 김샌 것이다. 밥이란 배고플 때 따끈따끈할 때 푹 퍼서 한입 넣고 먹는 것이다. 썰렁한 음식을 예쁜 그릇에 담아내올 때 그것은 화려한 패션쇼에서 보는 날씬한 모델이 입고 나온 그런 옷과 같다.

　'식당하는 내 친구가 그러는데 여럿이 들어와서 사람 수의 반만 시키는 사람이 젤 밉더래.'라고 말하면서 사람 숫자대로 음식을 주문하고는 다 먹지도 못하고 남긴다. 쩨쩨하다는 소리 들을까 봐, 없어 보이기 싫어서, 자식 얼굴 생각해서, 사회적 지위를 고려해서 등등. 그 체면이라는 것 때문에 얼마나 맘에 내키지 않은 일을 해왔으며, 얼마나 사치와 낭비를 해 왔던가? 이젠 그런 굴레에서 벗어날 때가 된 것이다.

이제 남에게 보여야 할 것은 체면이 아니라 '친절'이 되어야 할 때다. 그런데 우리는 종종 체면치레와 친절을 혼동한다. 친절에 인색하지 않으면 사람 복이 많아지고 인생살이가 즐겁다.

부끄럼은 불친절과 한통속이다. 맘이 없어서 그런 것이 아닌데 남들로부터 오해를 받는 경우가 있다. 대부분 숫기가 없고 부끄럼을 많이 타서 그런다. 먼저 다가가지 못하고 살갑게 대하지 못하는 것들, 이런 것들을 못하면 무뚝뚝하다, 불친절하다, 심지어는 인간성이 못됐다는 소리까지 듣게 된다. 부끄럼은 사회생활 하는 사람들에게는 '장애'와 같은 것이다. 나이를 먹는다는 것은 부끄럼을 탈 나이가 지났다는 것을 의미함으로 편하게 사람들을 대하고 누구나 친절한 사람이 될 수가 있다.

나이를 먹으면 나잇살을 먹는다고 하는데, 나이 들어서 좋은 것 중의 하나가 '넉살'이 좋아지는 것이다. '넉살'이 좋으면 외롭지 않고 어디 가서나 사람들과 잘 사귀고 편안하다. 넉살 좋은 친절한 노신사 노숙녀가 되어보자.
이제 여유와 친절을 보이며 살 때가 되었다.

❖ 다정다감(多情多感)함을 잃지 말자

아름다운 꽃을 보고 "아!" 하고 탄성을 지르는 것, 날아가는 새와 파란 하늘의 흰 구름을 보고 "아!"하고 쳐다보는 것, 열창하는 가수의 노래를 큰소리로 박수치며 따라 부르는 것, 아름다운 여인을 보면 '예쁘다'고 칭찬을 해주는 것. 그런 것들을 잃지 않는 한 쉽게 나이 들지 않는다. 다정다감을 잃었을 때 그때 우리는 나이가 몇이든 팍 늙은 사람이 된다.

누가 뭐래도 아름다운 것들을 보면 감탄을 참지 말자. 사람이 감정이 메마르고 감성이 솟아오르지 않으면 그것은 이미 말라버린 샘물과 같다. 아무런 감수성도 남아 있지 않은 사람들에게서 사랑과 기쁨과 열정과 흥분을 기대할 수 있는가? 메마른 대지에서 어떻게 새로운 싹이 트고 꽃이 피어나기를 기대한단 말인가? 부활의 시기에, 새롭게 나의 꽃대를 올리려는 때에 가장 소중한 것은 나의 감성을 유지하고 다정다감함을 잃지 않는 것이다. 마음속의 감성을 잃으면 겉으로 아무리 생생하게 보여도 그것은 메마르고 물기 빠진 나무와 같다. 그런 나무에서 어떻게 새롭게 잎이 나서 부활을 하기를 바랄 것인가?

다정다감한 감성을 유지하기 위해서는 지금부터 새롭게 감수성훈련을 시작하여야 한다. 먹고 사느라고 잊고 살았던 내 몸과 맘속에 감추어져 있던 내면의 감성을 끄집어내어 물을 주고 싹을 틔우자. 자연을 가까이 하고, 꽃과 나무와 새와 벌과 나비와 벗하며 아침 해와 저녁놀을 맞이하고 밤하늘의 달과 별을 보며 시를 읊고 술잔을 기울이는 일, 정다운 이들과 함께 음악을 듣고 노래를 부르며 춤을 추고 운동을 하는 일, 그림을 그리고 아름다운 순간들을 내 눈에 담아내는 일, 이곳저곳 인심과 풍광을 맛보며 어슬렁어슬렁 나다니는 일. 바로 이런 것들이 우리를 살아 있게 하는 잊었던 삶의 요소들이다.

❖ 화해를 하자, 이젠 세상과 풀고 살자

조용히 좋은 말로 해도 얼마든지 가능한 것을, 목에 핏대 세우며 고래고래 소리 지른다. 내 뜻과 진정성이 전해질 것 같아 그러지만, 악마 같은 얼굴로 핏대를 세우고 있는 그 앞에서 정작 상대는 아무런 소리도 귀에 담지 않는다. 오로지 공포에 떨면서 상대를 미워하고 저주하는 마음만 가득 쌓고 있을 뿐이다. 사사건건 따지고 뭐 하나도 그냥 넘어가는 게 없다. 큰소리치고 화내는 것만이 강조하고 꾸짖는 방법이 아니라는 사실을 알면서도, 이러면 안 되는데 하면서도 사람이라서 또 이런 짓을 한다. 나이 먹은 사람들의 특징 중 하나다. 화내고 성질내는 것은 어린아이가 아픈 것 참지 못하고 소리 내어 우는 것과 같다.

내 성질 하나 다스리지 못하면서 남들을 내 뜻에 맞게 고치겠다니 이런 모순도 없다. 나이 들면 담소자약(談笑自若)할 수 있어야 한다. 상대가 억지 쓰면 '팍' 열 받고 화부터 내지 말고 '픽' 웃는 습관을 가지도록 하자.

끝장을 보려는 습관이 인간관계를 망친다. 길길이 뛰면서 화를 내야 직정이 풀리고 상대 가슴에 못 박는 말을 거침없이 뱉어내고 마는 습관, 잘못을 야단칠 때도 눈물을 쏟게 만들고 끝을 내는 성격. 이런 습관과 성격이 결국 그 사람의 인간관계를 피곤하게 하고 파탄에 이르게 한다.

걱정이 끊이지 않는 것은 '잔 욕심' 때문이다. 사소한 것에 연연하고 있기에 한 걱정이 끝나면 또 다른 걱정이 슬그머니 자리한다. 큰 걱정이나 작은 걱정이나 걱정을 일삼고 있는 사람에게 그 걱정의 크기는 같다.

마음의 갑옷을 벗는 나이, 벗어던지면 마음은 더 할 수 없이 가벼워진다. 집착과 욕망, 자아, 그런 것들이 몸에 덕지덕지 붙어 있던 것들이다. 만약 누군가로 인해 화가 난다면 우리 인생이 얼마나 덧없는 것인가를 생각하자. 그리고 사람은 누구나 죽는다는 사실을 기억하면서, 서로 사랑하며 살아가기도 짧은 시간인데 그런 인간을 미워하는 데 내 삶을 소비한다는 것이 얼마나 멍청한 일인가를 생각하면서 그냥 웃고 치워버리자.

화를 내는 것은 바보가 되는 직행열차를 타는 것과 같다. 종착역은 언제나 후회역이다. 나이 먹으면 주위의 환경 변화에 상처를 쉽게 받는다. 사소한 일에 상처를 받고 스스로 고민하거나 자기연민에 빠진다. 나이 먹고 현직에서 물러나 권위가 없이 누구하고나 동등하게 어울릴 때 겪게 되는 일들이다. 이제는 여유와 친절을 보이며 살 때가 되었다. 매사에 너그럽고 넉넉하고 따뜻한 눈매와 미소를 가지고 살아야 한다. 억지웃음을 보이며 살 때는 지났다.

중국과 한국의 축구경기에서 우리 대표 팀이 공한증(恐韓症)에 시달리던 중국에게 30년 만에 졌다고 온 나라가 난리고 각 언론에서 때리고 비판할 때 어느 신문에서는 큰 활자로 이렇게 제목을 달았다.

〈3:0. ……………………………… 우리가 이긴 줄 알았다!〉

이것이 어떤 날 선 비판보다도 훨씬 더 강한 인상을 준다. 어이없고 속상한 우리 국민들의 맘을 이렇게 짧게 표현할 수도 있는 것이다. 이런 여유와 위트, 부활의 시기엔 이렇게 말은 줄이고 맛은 더 숙성된 그런 삶을 살아야 한다.

'사내는 화투를 섞으면서 아래쪽으로 자신이 가지려는 패를 교묘히 모으고 있었다. 초급 타짜들의 수법. 웃음이 터져 나오는 걸 간신히 참았다. 사내는 지금 귀신 앞에서 머리를 푸는 꼴인 것이다.'

어느 만화의 한 장면이다. 부활의 시기에는 이렇듯 인생의 고

수로서, 삶의 프로로서 후배들이 저지르는 실수와 웬만한 일에는 웃고 마는 여유를 보일 수 있고 못 본 척 해주는, 품이 넉넉한 원숙(圓熟)의 시기를 맞이할 수가 있다. 부활의 시기에서 보면 뒤에 오는 인간들의 모습과 행태가 다 보인다.

사람을 상대하면서 기분이 나빠 화를 내고 싶을 때 이를 참아내면서 유머를 섞어 대응함으로써 오히려 상대를 감복시키고 그 후로 더 좋은 관계를 유지하는 경우가 많다.

부활의 시기에 가장 여유로운 사람은 마음이 너그러운 사람이다. 너그러운 마음을 주는 것이 가장 큰 기부이며 누구나 할 수 있는 좋은 기부이다. 그런데 사람들은 거꾸로 물질은 기부하면서도 너그러운 마음을 베푸는 일은 못하고 산다.

"나보다 더 힘든 사람이 있는 모양이에요. 허, 기가 막혀서. 그런 짐을 다 가져가져가 버렸으니. 허, 참!"

어느 노숙자(露宿者)가 허탈하게 웃는다. '나쁜 놈, 죽일 놈' 하고 원망과 막말로 퍼부어대는 것보다 이렇게 허허 하고 웃는 것, 이것이 마음의 힘이다.

주말 점심시간인데 손님이 몰렸다. 혼자 요리하던 때라 음식을 내는 데 시간이 걸렸다. 급기야 나보다 분명히 어려보이는 손님이 주

방까지 와서 얼굴을 들이밀며 "좀 빨리 줘요, 씨팔"이라고 욕하는 게 아닌가? 꾹 참고 요리를 마친 다음, 서빙을 위해 방에 들어가 한 마디 했다. "씨팔은 한자로 십과 팔, 합치면 나무 목입니다. 오늘 나무 심는 마음으로 정성스럽게 준비했으니 그 정성까지 맛있게 드십시오." 지금도 가끔 경기도 안산이라고 전화가 온다. "안산의 OO 동생입니다." 그가 제주를 찾으면 나는 안주를 내고 그는 양주 한 병을 낸다.

—제주도의 어느 음식점 주인

유머는 너그러움에서 나오는 것이고, 세상살이의 지혜는 보통 사람들에게서 배우는 것이다.

화해, 세상과 풀고 살자.

아름답게
늙어간다는 것

어느날 갑자기 마주친 늙음,
어떻게 맞이할 것인가?

　우리가 가장 받아들이기 힘든 것, 그것은 바로 자기가 나이를
먹었다는 것을 인정하는 것이다. 나이는 서서히 차곡차곡 드는
것이 아니라 어느 날 갑자기 늙어버린다.

　지하철에서 젊지도 않은 사람이 "어르신"하면서 자리를 양보
할 때 바로 그 어르신이라는 호칭에 깜짝 놀라고 하루 종일 우울
하다. 어린 꼬마의 엄마가 "할아버지 안녕하세요, 해야지"하는
그 말에 상처받는다. 우리가 나이를 먹었다는 것을 깨닫는 일은
어느 날 갑자기 불쾌한 추억을 동반하면서 충격으로 다가온다.

우리는 남의 모습이나 나이는 잘 보면서 자신의 모습이나 나이는 보지 않는다. 쇼윈도에 비친 늙은이의 모습이 내 얼굴임을 깨닫지 못한다. 알고 싶지 않으니 얼른 눈을 거둔다. 알지 못하는 것이 아니라 알고 싶지 않은 것이다.

우리가 늙었다는 것을 느낄 때 그때부터 우리는 나이를 먹는다고 한다. 졸업 후 처음 만난 동창이 대머리에 틀니하고 나타난다. 친구 찾느라고 이리저리 살피고 다니는데 저쪽에서 할아버지들이 "여기야, 여기." 하고 불러댄다. 내가 남들의 눈에 비치는 나이, 그것을 알아챌 때 우리는 나이를 먹는다.

나이 들면 주위의 일에 상처를 쉽게 받는다. 사소한 일에 상처를 받고 스스로 고민하거나 자기 연민에 빠진다. 이런 것이 나이 먹는 증상의 시작이다. 내가 잘 나가고 젊고 건강할 때는 누가 무슨 소리를 해도 웃고 넘길 수 있고 너그러운데, 나이 먹고 현직에서 물러나 앉으면 하찮은 말에도 상처받고 별것 아닌 것 가지고 속상해하고 삐치기를 잘한다. 모임에서는 한번 말을 시작하면 좀처럼 그치지 않고 지루한 얘기를 하고 또 하고, 혹시 누군가에게 섭섭한 대접을 받으면 그 감정을 풀지 못한다. 나이 먹어 가는 증상 중의 두 가지 현상인 노추(老醜)와 노여움이다.

나이를 먹으면 인간은 지혜로워지고 너그러워진다고 한다. 그러나 그것은 그냥 이루어지는 것이 아니다. 그야말로 지혜롭게 그리고 너그럽게 나이 먹도록 자기수양을 하면서 몸에 배이도록 애써야 되는 것이다.

"이제는 편안하고 심심하게 살고 싶다. 부지런 떨며 시간에 쫓기며 살고 싶지 않다."

올해 벽두에 타계한 작가 고(故) 박완서 씨가 등단 40년을 맞아 어느 인터뷰에서 한 말이다.

당연한 일이지만 이런 생각을 갖는 것은 좋다. 그러나 퇴직 후 55살이나 60살 전후의 사람들은 이렇게 심심하게 살아가서는 사는 즐거움을 못 느낀다. 바쁘게 헤매며 살고 싶지 않지만 그렇다고 결코 심심하게 살고 싶지도 않다.

그러던 그도 담낭암 발병 후 반년을 못 넘기고, 눈이 오던 어느 날 세상을 떴다. 이제부터라고 하는 것이 너무 늦으면 후회가 빨리 온다. 잘 늙는 것도 쉬운 일이 아니다.

"전 나이 들면서 제가 배우인 게 참 좋아요. 젊었을 땐 그렇지 않았거든요. 사회에서 받는 대우도 섭섭하고 그만두고 싶은 마음도 컸어요. 그런데 나이 들어서도 여러 인생을 살고, 좋은 사람들을 만나게 해주는 이 직업이 행복한 거예요. 늙는 것에 대해서도 속상한 마음이 사라졌어요. 1년에 연극 한 편씩만 하고 그 외엔 아무 일도 안하며 느긋하게 살고 싶어요. 푹 자고 일어나서 공원 거닐고 책도 읽고요."

─연극인 손숙

"나도 노년은 첨 경험해보는 거니까, '살아보니 이렇게 늙었다' 싶어요. 생각은 젊을 때와 변한 게 없어요. 나이 들었다고 특별히 나빠진 것도 없고요. 그래도 달라진 거라면 세상이 아름다워 보이는 거죠. 지금 정도로 건강을 유지하면서 매해 작품 한두 편씩만 할 수 있으면 좋겠어요."

─연극인 신구

66살과 76살의 노배우 둘이 한 무대(드라이빙 미스 데이지)에 주연으로 서면서 이렇게 말했다. 그들도 늙는다. 그들은 늙음을 그렇게 받아들이고 있었다.

봄 산에 피는 꽃이 그리도, 그리도 고울 줄이야.
나이가 들기 전엔 정말로, 정말로 몰랐네.

봄 산에 지는 꽃이 그리도, 그리도 고울 줄이야.
나이가 들기 전엔 정말로 생각을 못했네.

만약에 누군가가 내게 다시 세월을 돌려준다 하더라도

웃으면서 조용하게 싫다고 말을 할 테야.

다시 또 알 수 없는 안개 빛 같은 젊음이라면
생각만 해도 힘이 드니까 나이 든 지금이 더 좋아.

그것이 인생이란 비밀, 그것이 인생이 준 고마운 선물.
봄이면 산에 들에 피는 꽃들이 그리도 고운 줄
나이가 들기 전엔 정말로, 정말로 몰랐네.

(후략)

─양희은 〈인생의 선물〉

중학교부터 대학까지의 학창시절이 인생의 청춘기라고 하지
만 우리들에게 그 시절은 그렇게 푸르고 풋풋한 시절로만 추억
되지는 않는다. 항상 공부에 쫓기고, 언제나 부족하고 어렵던 시
절이었다. 우리들 시대는 누구나 힘들고 고단한 시절을 보냈다.
그런 시절을 겪으며 살아온 우리는 앞으로 무엇을 하여 '지금이
더 좋다'는 말을 하고 살 것인가? 우리는 어떻게 하여 '지금이
더 좋다' 하며 늙음을 맞이할 것인가?

은퇴준비의 원칙

—지혜로운 운퇴를 위한 제언

Revival

내 인생의 마지막 승부,
이제는 해야 한다.
이제는 할 수 있다.

전문가들이 강조하는 은퇴 후의 생활방식을 종합해 보면
대개 다음과 같은 것으로 요약할 수 있다.

1. 100세까지도 살 각오하고 대비하라.

   대책을 세워라. 뭘 하고 뭘 먹고 살지를.

2. 스스로 자립하여 살아라.

   자식에게 올인도 기대지도 말라. 혼자 힘으로 살 궁리를 하라.

3. 삶의 패턴을 바꿔라

   검약과 절제를 기본 생활수칙으로 삼아라.

   생활수준을 조정하라.

4. 위험한 짓을 벌이지 말라

　모르는 일에 뛰어들지 말라.

5. 운동을 생활화하라.

　일과 중 운동을 최우선으로 하라.

　'은퇴 후에 무엇을 하고 살아갈 것인가?' 하는 문제를 결정함에 있어서 중요한 것은 목표를 확실히 하고 기대 수준을 현실에 맞추는 것이 무엇보다 필요하다.

　은퇴 후 생활이 막막한 것은 지금 내가 생각을 막연하고 막막하게 하고 있기 때문이다. 잘 생각해 보라. 얼마든지 살아나갈 길이 보이고 방법도 있다. 치열하게 성공한 사회인으로 살기 위하여 잊었던 꿈, 바로 그 꿈을 실현하고 살 때다. 더 이상 누구의 눈치를 볼 때가 아니다. 나 자신의 욕구를 따라 진정으로 자기만족을 추구하는 시기로 살아야 한다. 주위의 시선이나 평판보다는 자신이 생각하는 방향에 따라 늠름하게 살아가야 한다. 내가 좋아하고 내가 보람 있다고 여기는 바로 그런 것들을 하며 살아야 한다. 그런 것들을 하려고 내 인생 전반을 통하여 온몸으로 뛰어오면서 하루도 잊지 않았던 바로 그런 것들을 위하여, 그리고 바로 나 자신을 위하여 살 때 진정으로 나는 살아 있는 것이다. 그것이야말로 성공하는 제3의 인생이다.

'내가 살면 앞으로 얼마나 살겠어? 다들 그러고 사는데 나라고 무슨 뾰족한 수가 있나? 그저 세월만 죽이고 사는 거지, 사는 데까지 그냥저냥 살다가 가버리면 그뿐이지, 인생 뭐 있어?' 이런 생각으로 은퇴 후를 맞이하면 바로 지옥 같은 생활을 살아서 맞게 될 수도 있다. 나이에 대한 생각, 뭘하고 살까 하는 것에 대한 사고방식, 먹고 사는 생활경제관념에 관한 문제, 이 3가지에 대해 새로운 설계를 하여야 한다. 은퇴 후를 행운이라고 여길 수 있으려면 준비를 철저히 하여야 한다. 아주 쫀쫀하고 장기적인 관점에서 준비해야 한다. 이것이 결승점을 향해 달려가는 내 인생의 마지막 승부를 겨루는 자세다.

은퇴 후를 지혜롭게 보내기 위한 7가지 제언

1. 내 생의 눈금을 100살에 맞춰 놓으라

많은 사람들이 90을 넘기는 것은 보통이고 이제는 100세 넘도록 살게 되는 시대를 마주하고 있다. 한참 먼 얘기가 아니라 지금을 살고 있는 우리들의 이야기다. 의학의 발달로 수명이 연장되면서 자연수명을 뛰어넘어 과학수명을 살게 되는 시대가 온 것이다. 이렇게 오래 사는 시대에 가장 중요한 것은 '뭐 먹고 사나, 뭐 하고 사나, 어떻게 건강하게 사나' 하는 세 가지다. 돈의 문제와 일의 문제, 그리고 건강의 문제가 중요하게 된 것이다. 은퇴 후 일이십 년 별 하는 일도 없이 자식들에게 얹혀살다가 가버리는 시대가 아니다. 은퇴 후의 시간이 졸업 후 사회생활을 했던 시간보다도 적지 않으니 적당히 살다가 조용히 세상을 떠날 수도 없는 것이다.

사회생활 30년보다 더 길지도 모르는 은퇴 후 생활이 남아 있다. 내 시간의 눈금을 100살에 맞추어 놓아야 한다. 각오하고 은퇴 후를 맞이하여야 한다. 싫어도 어쩔 수 없다. 100살 넘도록 열심히 살 궁리를 해야 한다. 이제는 100살의 생존계획을 세워야만 한다.

2. 하루일과를 나를 돌보는 일로부터 시작하라

지금까지는 나이라는 신체 연령이 버텨주었지만 이제부터는 정말로 관리하고 유지 보수를 잘하지 못하면, 그냥 어느 날 갑자기 허물어져 힘겨운 투병생활을 보내게 될 것이다. 그야말로 죽지 못해 사는 그런 말년을 보지 않으려면 건강관리가 내 취미이자 생활의 중요한 일과가 되어야 한다.

내 몸을 위한 건강관리는 어려운 것도 특별한 것도 아니고 하루 세끼 밥 먹듯이 생존에 필수적인 요소다.

운동이든 건강을 위한 섭생이든, 매일매일의 생활 속에서 하

는 내 몸 건강관리는 싫어도 어쩔 수 없이 하는 게 아니라 하루
도 안 하면 못 살 것 같은 중독 같은 것이어야 한다. 그것이 무엇
이 되었든 즐겁고 기다려지고, 그것이 하루의 대부분을 차지하
는 그런 자기 건강관리 생활, 그렇게 매일을 살아야 한다. 그것
이 매일의 일과가 되어야 한다.

'나' 에 대하여 하루에 한 번씩 '감사의 경례' 의식을 치르자.
명상은 매일매일 나와 마주하는 기도이며 나 자신에 의한 의전
행사다. 세상에서 무엇이 가장 존귀한가? 나 자신이다. 천상천
하 유아독존인 것. 그런 나 자신에 대하여 하루에 한 번씩 정중
한 감사의례를 갖추는 것은 나에 대한 존경과 존중의 표시인 것
이다. 그렇게 매일 나 자신을 마주하고 의식해가며 살아갈 때 삶
은 단단해지고 의미가 있게 된다.

타임지가 선정한 2007년 올해의 인물은 'You' 였다. 표지에는
독자의 얼굴이 비치도록 종이거울이 붙어있었다. 내가 진정 나
로서 살 수 있을 때 '나' 는 비로소 '나' 다.

100시대를 사는 목표는 건강하게 오래 사는 것이다. 누구나
오래 살게 되는 시대, '얼마나 오래 사느냐' 보다 건강하게 오래
사는 삶이 진정 의미 있지 않겠는가?

3. 무엇이든지 하라. 그게 일이다

은퇴 후 30~40년 동안 무슨 일을 하면서 살아갈 것인가? 다시 무언가 수입을 얻는 일을 할 것인지, 자기실현을 위한 인생을 살 것인지, 봉사 등 사회 환원을 위한 삶을 살 것인지, 이런 것들을 생각하고 준비하여야 한다.

그런데 이런 생각을 할 때 무엇보다도 중요한 것은 '남들이 어떻게 볼까' 눈치 보거나 이제까지의 생활수준에 맞추려 애쓰지 않는 것이다. 정말로 내가 생각하고 내가 좋아하는 그런 것들을 하면서 살 수 있어야 한다. 이제는 남들로부터 평가 받을 것도 없고 남들의 시선에 구애 받을 나이도 지났다. 그야말로 자유인이 된 것이다. 이것을 위해서는 은퇴 전부터 미리 생각해 두어야 하며, 그에 따라 하나씩 자유인의 설계도를 준비해 두어야 한다. 그렇게 나만의 인생관과 설계에 따른 집짓기를 해 두어야 한다.

일을 떠난 후에 뭔가 도전하는 일이 없으면 종일 늘어지기만 한다. 뭔가 도전하는 것, 은퇴 후에는 그 자체로서 '큰 일'이 된다. 현업에 있을 때도 개인적으로 자기개발이나 취미생활에 관련하여 뭔가 스스로에게 과제를 주고 도전하지 않으면 종일 일만하게 된다. 이미 겪어보지 않았는가?

훌륭한 직장생활을 하는 사람들은 항상 자신에게 도전과제를 주고 일 이외에도 하고 싶은 일을 하면서 자신을 돌보며 지내왔듯이, 은퇴 후에도 그렇게 자신에게 과제를 주고 자신을 늘어지지 않도록 하는 것이 무엇보다도 중요하다.

일주일, 한 달, 석 달, 1년, 3년 단위로 무언가 과제를 세워보자. 그런 것들을 하나씩 매듭을 지어나가며 매일의 생활을 리듬감 있게 보내는 것, 그것이 은퇴 생활자를 앉은 자리에서 일으켜 세우고 활기를 불어넣게 해 줄 것이다. 뒷장에서 소개하겠지만 우리가 맘만 먹으면 하루하루를 즐겁고 활기차게 만들어주는 일들은 참으로 많다.

돈 버는 것만이 일은 아니다. 꼭 돈과 연관되지 않아도 일이고 생활이다. 노는 것도 일이고 취미활동도 일이다. 어떻게 노느냐, 무엇을 취미로 가질 것이냐, 하는 것을 결정하는 것은 나 자신이고 그런 생활이 가능한 것은 은퇴 후가 주는 선물인 것이다.

이렇게 남은 긴긴 세월을 어떻게 보낼 것인가?

일이십 년도 아니고 사오십 년을 무슨 재주로 아무 일도 안하고 보낼 수가 있단 말인가? 그냥 멍청이 하루하루를 보내는 것은 사는 것이 아니다. 그냥 목숨을 부지하는 것이다. 그것은 죽은 세월이나 다름이 없다.

은퇴 후 아무 일도 하지 않고 몸을 움직이지 않으면 급속히 건강이 나빠진다. 나이 들어 건강을 잃으면 돈도 함께 날아간다. 은퇴 후에 중병에 걸리지 않도록 몸 관리 잘하는 것도 확실한 재테크 중의 하나다. 제발 무위도식만은 하지 말라.

4. 절제와 절약으로 재테크를 시작하라

여기 저기 신문이나 방송에서 경쟁하듯이 쏟아내는 것이 장수 시대의 재테크 전략에 관한 것이다. 보험사나 증권사에서 발표하는 것을 인용하는 경우가 많은데 대게 이런 말들이다.

－부동산 비중을 줄이고 연금보험과 금융상품을 가입하라.
－주식 등 위험자산은 줄이고 안전자산인 채권 등에 투자하라.
－투자형 금융상품으로 물가상승위험에 대비하면서 일정한 수익도 얻는 재테크를 하라.

다 그럴듯한 말이지만 사람의 성격과 욕심에 따라 하는 짓들이 다르다. 은퇴 후 시간도 남아돌고 그동안 쌓은 사회경험과 경제적 지식을 이용해서 부동산투자도 하고 주식도 연구하면서 쏠쏠하게 돈벌이를 할 궁리를 한다. 회사 다니면서 항상 아쉬웠던 게 시간이었으니 이제부턴 시간 충분히 가지고 꼼꼼히 따지고 분석하면 승산이 있다고 자신하면서 덤빈다. 하다 보면 시간도 잘 가고 은퇴 후에 이런 근사한 일이 어디 있느냐며 흥분하여 몰두해 보지만 얼마 못가서 몽땅 털리고 만다. 위험한 줄 알면서도 누가 좋은 사업꺼리 있다고 권유하면 유혹을 못 견디고 알량한 재산 다 털어 넣고 빈털터리가 되고 마는 것이다. 바로 이런 짓들만 안 해도 잘하는 재테크 전략이 될 것이다. 현역에 있을 때처럼 생활지수를 유지하려면 무언가 수입이 필요한데 매달 정해진 수입이 없다보니 이런 궁리 저런 궁리를 하다가 위험한 일에 뛰어드는 것이다.

지금까지 살아오면서 전략이라는 것이 꼭 공격하는 것만이 잘하는 것이 아니고 때로는 수비도 훌륭한 전략이 된다는 것을 수없이 겪어도 보았고 지켜보지 않았던가?

수익도 있으면서 안전한 자산관리 방법은 세상에 존재하지 않는다. 수익도 좀 있으면서 남 보기에 그럴듯하고 재미있는 소일꺼리도 되는 그런 일은 있을 수 없다. '하이리스크 하이리턴'의 원리는 재테크의 세계에서만 통용되는 말이 아니다. 세상 사는 원리가 다 그렇다. 그런데 그걸 뻔히 알면서도 매번 유혹에 넘어가는 게 또한 사람이다.

젊어서도 제대로 못한 재산 불리기를 퇴직 후 일정한 수입도 없이, 가진 것 조금씩 덜어내가며 길고 먼 길을 가야 하는 이때에 해보겠다는 것은 모험 중에서도 그런 만용이 없다. 투자는 생활자금에 충분한 여유가 있을 때 재산의 일부를 가지고 하는 것이고, 현장에서 수입이 나오는 일에 종사하고 있을 때 저축의 한 수단으로서 일부를 위험자산에 투자해야 하는 것이다.

젊었을 때 뭘 하다가 실패하면 좋은 경험했다고 격려하고, 심지어 미국에서는 젊은이가 창업했다 실패하면 성공했다고 하기도 한다는데 그것은 그만큼 경험을 얻었기 때문이다. 그러나 나이 먹고 나서 그러면 다들 망했다고 한다. 늙어서 실패하면 그건 경험이 아니라 쓸모없는 인생의 부채만 쌓이게 된다.

은퇴 후 가장 확실하고 훌륭한 투자는 절약이다. 일정한 수입도 없고 생애 자금도 빠듯한 사람들이 가장 먼저 해야 할 일은 절제와 절약을 하는 것이고, 이자율을 꼼꼼히 따져가며 저축을 하는 것이다.

은퇴 후는 이것저것 호화롭게 생활하지 않아도 되고 남들 눈치 보지 않고 살아도 된다. 그런데 과거 매월 일정 수입이 보장되던 시절의 소비 행태를 딱 끊지 못한 채 미적미적 화려한 소비생활을 보이다 보면 지출은 두 배로 늘어나게 되는 결과를 가져온다. 들어오는 것은 없는데 나가는 것은 똑같다면 가계적자는 두 배가 되는 원리가 이것이다.

은퇴 후에 제일 먼저 해야 할 생활수칙은 검소하고 절약하는 생활이다. 이것이 기본이 되어야 한다. 절약하고 검소한 검약생활을 하는 것이 건강도 지키고 경제적으로도 여유 있는 말년을 맞는 유일한 길이다. 정말 아껴 써야 할 때는 은퇴 후 지금부터다. 절약과 검약은 남의 눈치를 보며 하는 것이 아니다. 그것은 궁핍한 것이 아니다. 자발적 절제는 용기 있는 행위다. 정말로 돈이 필요할 때는 은퇴 후 바로 지금이다.

5. 홀로서기 정신으로 살아라

은퇴 후 자식에게 의지하고 함께 살려는 생각은 농경시대의 유물이다. 나도 자식과 함께 사는 것이 불편하며 자식 또한 부모를 부양할 생각도 능력도 없다. 자식의 미래보다 자신의 앞날을 걱정하라. 자식이 앞으로 30년간 사회에서 경쟁해야 하는 것보다 본인이 은퇴 후 30년간 살아나갈 일이 훨씬 더 큰 문제가 될 것이다. 나라살림도 갈수록 믿기 어렵게 되어가고 있다. 국민연금도 20년 후에는 고갈될 것이라는 전망이다. 은퇴 후 믿을 것은 오로지 나 자신밖에 없음을 확실히 깨닫고 출발하여야 한다. 나를 바로 서게 하는 것은 나의 두 발이다. 내가 자립할 때 가족관계도 돈독해지고 친구와도 사회와도 교류가 활발해진다.

연금 우습게 알지 말고 미리미리 준비해두자. 연금은 은퇴 후 죽을 때까지 큰 버팀목이 된다. 노후에 보장된 연금은 못난 자식보다 낫다고 한다. 국민연금과 퇴직연금만으로 모자라는 부분은 개인연금에 가입해 보완하자.

은퇴 후에는 주택 보유에 대한 생각도 바꿔야 한다. 자식들이 다 떠난 후에도 커다란 빈 둥지를 유지하느라 쩔쩔매는 이른바

하우스푸어(집 가진 가난뱅이)가 되는 것은 미련한 짓이다. 관리도 힘들고 비용도 쓸데없이 나가니 이중으로 고역이 된다. 집을 줄이고 남는 자금을 즉시 연금에 넣거나 다른 월정 수익이 나오는 곳에 투자하면 집 하나 덜렁 끼고 헉헉대는 것보다는 훨씬 현명하고 편안할 것이다. 근교에 텃밭 딸린 조그만 전원주택을 사서 여유작작하게 시간을 보내는 것도 방법이다. 이처럼 스스로 즐겁게 보낼 방책을 세우는 것 또한 자립의 한 축이 된다.

오래 건강하고 편안하게 살려면 내 힘으로 살아야 한다. 이제부터라도 나이가 몇이든 나 자신을 위한 자립의 성을 튼튼히 구축하기 시작하자.

6 잡동사니로부터 자유롭게 살아라

골동품도 아닌 것들을 움켜쥐고 버리지 않고 쌓아두고 있지만 아무 쓸모도 없다. 이렇게 쓸모없는 것들, 또는 있어서 해로운 것들을 내버리고 벗어나야 한다.

집도 줄이고 살림살이도 줄이고 단순하고 소박하게 살기 시작하면 그것이 얼마나 편리하고 삶을 자유롭게 하는지 알게 된다. 일 년에 한두 번 있을 집안 행사를 위해, 또는 주위의 시선에 못 견뎌서 비싼 동네에 살고 필요하지도 않은 큰 집을 끼고 살면서 비싼 유지비를 내느라 쩔쩔매고 살고 있다. 조금만 벗어나면 쾌적하고 공기 맑은 곳에 지금보다도 얼마든지 싸고 좋은 새집에 살 수 있는데 그것을 못하고 그냥 살던 곳에 머물고 있다. 아무 쓸모없는 곳에 돈을 낭비하는 것이다. 이것은 옷에 사치부리는 것보다도 더 낭비가 큰, 사치 중에 가장 의미가 없는 사치다. 돈 걱정을 할 필요가 없는 부자라면 문제가 없겠지만 그렇지 않은 보통사람들이라면 정신 차리고 주택문제부터 새롭게 시작하여야 한다. 바보 같은 짓 그만하자.

사람관계도 마찬가지다. 지금까지 만나고 알고 지내던 모든 인간관계를 정리해야 한다. 나 자신과 연결된 구질구질한 줄을 끊어야 한다. 다시 시작하는 데 필요한 고독과 사귀어야 한다. 그것은 용기가 필요한 결단이다. 새로운 탄생, 제2의 인생이라는 것은 새로운 만남, 새로운 관계로부터 시작할 수 있는 것이기 때문이다. 지금까지 어울리고 함께 일하던 사람들과 그냥 그대로 관계를 가지고 있으면 내 생활도 그냥 그렇게 변함없이 과거를 되풀이하며 살 수 밖에 없다. 곰곰이 생각해 보라. 과거에는 필요한 것이었지만 이제는 필요 없는 것들이 의외로 많다.
그것이 무엇인가? 남에게 물어볼 것 없다. 내가 잘 알고 있다.

7. 확 바꾸어서 새롭게 살아라
앞으로 살아갈 날이 지나온 세월 이상으로 많은데 그 세월을 또다시 지난 세월을 복기하듯이 보낸다면 얼마나 따분할 것인가? 생각만 해도 지루하고 피곤하다. 확 바꾸어서 새롭게 살아야 한다. 지난 삶의 연장이 아니고 지금부터 새 삶을 사는 것이다.

사람들은 종종 말한다. "내가 다시 태어난다면 지금처럼 살지 않겠다. 일에만 파묻혀 살지 않고 사람답게 살아보겠다." 그러면서 후회되고 아쉬웠던 것들을 떠올리면서 새 사람으로 살 것처럼 꿈꾸듯이 말하지만, 다시 태어나는 것이 불가능하듯 그런 말이 실현되는 일도 있을 수 없다. 그냥 꿈일 뿐이다.

그러나 부활의 시기에는 그것이 가능하다. 바로 그런 마음, 다시 태어난 것처럼 나 자신이 새롭게 시작하면 되는 것이다. 과거의 나와는 전혀 다른 삶을 살 수 있는 것이 부활의 시기인 것이다. 문제는 과거의 내가 나를 가로 막고 있고, 나 자신의 과거 습관 또한 앞으로 나아가는 나를 놓아주질 않는 것이다.

떠날 줄을 모르는 사람들은 익숙한 과거에서 벗어나지 못한 채 자신을 망가뜨리고 있는 줄을 모르고 있다. '이것만은…', '요번만은…' 하면서 자꾸만 미련을 남겨두면 새싹은 결코 자라지 못한다. 그러나 묵은 가지 하나를 쳐내면 두세 개의 새 가지가 나오고 더 좋은 열매를 맺듯이, 미련을 떨쳐버리면 새로운 내가 더욱 건강하게 태어나는 것이다.

새로운 출발은 외로움을 견디는 것에서 시작한다. 버리고, 벗어나고, 없애고, 죽이고, 자르고, 끊고, 그렇게 과거의 나를 없애는 것에서 싹이 움튼다. 다시 시작하는 것은 과거와 연결된 자신의 줄을 끊고 떠나는 것이다.

그곳에서 나의 부활은 움튼다. 이전과는 다른 새로운 세상을 발견하게 되고, 이렇게 전혀 다른 세상을 살 수도 있다는 사실에 감탄하며, 나의 모든 것을 바쳐 살았던 지나온 세월이 꿈같고 그런 과거와 아무런 연결 없이도 잘 살 수 있다는 사실이 놀랍고 황홀하다. 오래된 둥지를 떠나 철새처럼 살아보자.

은퇴 이전의 시기가 기본적인 욕구를 충족시키기 위한 시기였다면, 이후에는 물질적 욕구가 아닌 정신적 욕구를 추구하는 삶을 살 수 있는 시기다. 유유자적 하면서도 단순하게, 그리고 소박하게 살아가는 것이 진정한 삶의 본질임을 깨닫고 살 수 있는 것이다. 안빈낙도, 안분지족, 절제, 청빈, 소박, 단순 등등이 이에 해당하는 단어들이고, 이렇게 단순하고 소박한 삶을 살아가면서 내면적인 자유와 행복을 느낄 수 있다. 이렇게 사는 삶의 방식을 '자발적 단순함' '새로운 소박함' 또는 '적은 것으로 살아가는 기술' 이라고도 말한다.

이렇게 사는 사람들은 자연을 사랑하고 자연과 더불어 살아가며, 감성이 메마르지 않도록 문화 활동을 꾸준히 하고, 생활 속에서 자신의 몸과 마음을 건강하게 수련하는가 하면 주위를 보살피고 도우면서 정서적인 만족감을 얻으며 살아가는 특성을 보이고 있다.

이제는 할 수 있다
─생각도 못했던, 할 수도 없었던 그런 것들

1. 숨어 있던 나의 하루를 찾아낼 수 있다

이제껏 나의 삶 속에서 잊혀지거나 숨겨져 있던 것, 그것은 바로 아침시간이고 새벽이다. 나에게 아침은 언제나 뭔가를 위해 준비하는 시간이었고, 하루를 시작하는 출발점이었으며 언제나 허겁지겁이었다. 새벽의 맑은 바람, 풀잎의 아침 이슬, 새벽안개, 아침 햇살 등 아침이 주는 이런 선물들이 있는지도 모르고 느껴보지도 못하고 살아왔다.

뒷동산을 오르고 동네 길을 산책하며, 따뜻한 차 한 잔을 마시며 음악을 듣고, 명상을 하며 책을 읽고, 천천히 아침밥을 먹는 이런 것들이 상징하는 아침의 여유는 없었다. 아침은 언제나 바쁘고 허둥대고 뭔가를 준비하고 스쳐지나가는 그런 시간이었다. 우리에게 아침이란 존재하지 않았다. 그랬던 아침이 은퇴 후 이제 온전히 나에게 주어진 것이다. 사라졌던, 까맣게 잊은 채 모르고 살아왔던, 바로 그 아침을 찾게 된 것이다. 그것은 은퇴가 우리에게 가져다주는 첫 번째 선물인 동시에, 버려졌던 나의 하루가 온전히 내게 돌아왔다는 의미다.

2. 오래된 둥지를 벗어나서 살 수 있다

학교 회사 이런 것들을 중심으로 생활하기 위해서는 사는 집
도 그 근처를 맴돌아야 한다. 그러나 은퇴 후에는 내가 마음에
드는 곳이라면 어디에 가서라도 둥지를 틀고 살 수 있다. 꼭 도
시 한복판에서 부대끼며 살지 않아도 된다.

변두리 근교도 좋고, 멀리 떨어진 곳도 갈 수 있다. 심지어는
외딴 섬이나 물설고 낯선 먼 외국에 나가서도 살아볼 수 있다.
자유란 은퇴가 준 선물이다. 자유란 자유롭게 산다는 의미다.

3. 생판 안하던 짓도 하고 살 수 있다

어느 고향 출신이고 어느 학교를 나왔고, 무슨 직장을 다녔으
며, 무슨 일을 했고, 계급이 어떠했으며, 우리는 그런 것들로 상
징되는 사회 속의 어떤 사람이었다. 그런 것들에 둘려 싸여 살아
왔다. 은퇴 후에는 이런 것들에 구애받지 않고 '새롭게 태어나는
나' 로서 '새로운 짓' 을 하고 살 수 있게 되는 것이다. 자유의 시
간이고 나 자신의 부활의 시간이다. 내가 뭘 하던 사람인지 말할
필요도 없고, 상대가 뭘 하던 사람인지 물을 필요도 없다. 단지
그저 현재의 나란 존재만이 의미가 있는 것이다. 이때 우리는 안
하던 짓을 하고 살 수 있다. 경쟁을 하지 않고도 굳이 생계만을

목적으로 하지 않고서도 우리는 뭔가를 하면서 지낼 수 있다.

돈 벌이가 목적이 아니라면 세상은 살만한 것이고, 내가 하고 싶은 일들을 하며 살아갈 수 있는 것이다. 그것이 무엇이 되었든 관계없다. 안 해 보던 일을 하는 것은 그것이 무엇이든 시시하다고 말하지 않는다. 재미있고 신나면 그게 가치 있는 일이다.

은퇴 이후 30년의 새로운 삶을 핫 에이지(Hot age)라고 표현한 미국의 새들러(William sadler)박사는 이 시기의 사람들에게 공통적인 6가지가 있다고 말한다.

첫째; 돈, 명예, 사회적 지위 등과는 달리 내면적인 만족을 추구한다. 둘째; 과거에는 가족, 친구, 자녀, 직장 등을 위해 살아 왔으나 이제는 자기 자신을 위해 살려고 노력 한다. 셋째; 은퇴 후에도 과거에 하고 싶었던 일 여가를 즐기는 일을 하고 있다

넷째; 정신적인 젊음을 유지하면서 자발적인 삶을 살고 있다.

다섯째; 가족 친척 이외에 더 많은 사람들과 교류하면서 행복을 느낀다. 여섯째; 죽음이 가까워오고 있다는 것을 잘 알고 항상 준비가 되어 있다. 그들은 이렇게 은퇴 후에도 뜨거운 인생을 살고 있다.

RE

부활의 무대를 즐기다

언젠가는 찾아올
온전한 나만의 시간,
그때가 오면
나를 위해서 봉사할 수 있도록
계획을 세워놓고
꿈꾸듯 기다리는 즐거움.
당장 시작하자!

하루가 맑고 한가로우니(一日淸閑)

그 하루는 신선(仙)이다.(一日仙)

사람(人)이 산(山)에 들어가니

그것이 선(仙)이다.

신선(神仙)이 따로 없다.

재미있는
우리시대의
부활에 대하여

Revival

죽을 때 '좀 더 일을 했으면 좋았을 걸…' 하고 말하는 사람은 없다. 퇴직을 앞둔 사람들은 가끔 생각한다. 퇴직한 다음날 어떤 기분일까? "나는 퇴직하면 취미생활도 즐기고 봉사활동도 하면서 여유롭게 인생을 살겠다." 많은 이들이 그렇게 말한다. 그런데 대부분의 사람들은 아무런 준비도 구체적인 생각도 없이 말로만 그런다. 가끔씩 속으로는 생각해보기도 하지만 실제 행동은 없고 남의 말 하듯이 게으름 피고 있다. 바꿔 말하면 '그렇게 살면 좋겠구나' 하는 희망사항을 말하고 있을 뿐이다. 그랬으면 좋겠다는 것이지, 그때를 대비하여 내가 무엇을 어떻게 하겠다는 생각은 하지 않고 있다. 지금 당장 오늘을 살아내기에 급급하고 숨차서 거기까지 생각할 겨를이 없다고 말하지만, 실은 생각하기가 겁나기 때문이고, 뭘 어떻게 해야 할지 몰라서 미적미적대고 있는 것이다.

이제까지는 사회활동을 하면서 조직 속에서 주어진 환경과 틀에 맞는 규격화된 일을 수행하면 되었지만, 은퇴한 후에는 모든 것을 내가 생각하고 내 손으로 직접해나가야 한다. 취미활동도 봉사활동도 여유로운 인생도 모두 내가 설계하고, 모두 내 자유대로 내 식대로 해야 하는 것이다. 아무도 이래라 저래라 하는 이 없고, 오로지 내가 나를 위해서 생각하고 나를 위해 사는 것이다. 그것을 생각하고 그리고 실천하는 일, 그것이 바로 은퇴 후 시작해야 할 일이다. 기다리고 기다리던 희망찬 자유를 구가하며 여유로운 인생을 살게 될지, 아니면 구차하고 지루한 일상을 살지는 오로지 내게 달려 있다.

나이 먹고 일에서 벗어나니 할 일이 없다고 한다. 시간 보내기가 어렵다고 한다. 은퇴한 사람들이 할 일이 없다, 심심하다, 외롭다, 하면서도 방구석에만 틀어 박혀 있거나 아니면 이모임 저모임 찾아다니면서 대낮부터 술 먹고 해롱대는 일상을 반복한다. 그러나 잘 생각해 보자. 세상에 놀거리 즐길거리가 얼마나 많은가? 시간이 없고 돈이 없어서 문제지, 가만히 생각해 보면 돈 많이 안 들고도 재밌게 일상을 보낼 수 있는 방법이 100가지도 넘는다.

할 일 없어 죽겠다는 건 하늘에서 들으면 벌 받을 소리를 하는 것이다. 어떻게 주어진 오늘이라는 시간인데, 하루치 내 목숨과 맞바꾼 소중한 오늘 하루를 그렇게 지겹다, 지루하다, 할 일 없다고 투정하고 투덜거리면 하늘이 노하지 않겠는가?

일이 없다는 것은 곧 할 일이 없다는 것처럼 생각하는데 돈벌 일, 사회 활동하는 일이 아니어도 우리는 할 일이 있다. 얼마든지 움직이며 창조하고 가치 있는 일을 할 수 있다. 비록 경제적인 대가나 보수가 없다고 하더라도, 돈은 안 벌려도 재미있는 일은 수없이 많다. 그런 일을 할 수 있다면 그것은 참으로 행복한 일이다. 그것을 위하여 그때를 위하여 우리는 열심히 돈을 벌어 놓아야 한다. '돈 안 벌려도 좋은 일, 힘들지만 무지하게 재미있는 일' 그런 일을 하기 위하여 우리는 생각하고 준비해야 한다.

'놀이'라고 하는 것의 사전적 의미는 '자신이 하고 싶을 일을 하면서 즐기는 것'이다. 진정한 성공이라는 것도 이처럼 놀이를 하듯이 일을 하게 된 상태를 의미한다. 자신이 하고 싶은 일을 하게 되었다면 어찌 즐겁지 않겠는가? 즐겁지 않다면 내가 하고 싶은 일을 하고 있는 것이 아니며, 내가 하고 싶은 일을 하지 못

한다면 성공한 것이 아니다. '일'과 '놀이'의 경계가 없어진 상태가 곧 '성공'인 것이다. 아무리 힘든 노동이라도 즐기는 마음으로 하면 이는 놀이가 될 수 있다. 반대로 아무리 즐거운 일이라도 억지로 하면 이는 노동이다. 놀이는 순수한 즐거움을 추구하고 행하는 것이다.

강철 같기만 하던 아버지가 자식에게 눈물을 보였다. 항암치료 차 병원에 입원한 아버지의 얼굴에 갑자기 눈물이 흘러내렸다. "내가 왜 이렇게 살았는지 모르겠다. 나처럼 재미없게 산 사람이 또 있을까?" 아들은 말했다. "아빠 젊을 때 누가 카바레에 가서 춤추자고 하면 재밌었을 것 같으세요? 아빠는 평생 자신에게 가장 만족을 주는 삶을 사신 거예요." 아버지는 그제야 "그렇지, 그런 거지?"하며 눈물을 삼켰다. 개척교회로 시작하여 국내에서도 손꼽히는 거대한 교회를 이룩한, 평생을 하나님의 목자로서 살아온 존경받는 목사도 죽음을 앞두고는 재미없게 살아온 자신의 인생을 후회하는 맘이 일어나고 있었던 것이다.

남들에게 베풀지 못하고 참지 못하며 친절하지 못했던 것을 후회하고, 나는 왜 좀 더 즐겁게 살지 못했나를 후회한다. 누구나 나이 들고 나서 느끼는 후회다. 아인슈타인도 '좀 더 재미있게 살 걸.' 하고 후회했다. 죽을 때 '좀 더 일을 했어야 했는데….'하고 말하는 사람은 없다.

은퇴하면 시작하겠다고?

퇴직하고 나면 뭘 해야 할지 몰라 헤맬 뿐이다.

시간 나면 그때 하겠다고?

그때는 또 다른 핑계를 찾는다.

실행에 옮길 시간이 점점 더 적어지면 배우고자 하는 호기심도 점점 줄어든다. 뭐가 그리 바빠서 주말의 하루 한나절 시간을 못 내는가? 바쁘지 않은 날이 없고 1년 365일을 그렇게 보내다 보니 평생 하루도 편하게 보낸 날이 없다. '산다는 게 다 그런 거지, 뭐'라고 규정짓고 바쁘고 헤매는 것이 당연한 습관인 것처럼 지내면서, 스스로는 열심히 살고 있다고 생각한다. 그렇게 평생을 보내면 정작 나중에는 시간이 남아돌아서 주체를 못하고, 그런 시간을 죽이느라고 또 다시 매일매일을 헤매며 산다.

남들이 인생의 멋진 부활을 위하여 즐겁고 힘찬 설계와 그림을 그리고 있을 때, 나는 지금 어디서 무엇을 하고 있는가? 물어볼 것도 찾아 볼 것도 없다.

외로움은 쌓이고, 답답함을 해소할 통로와 방법은 모르고, 그러니 집구석에서 뒹굴며 이 아름다운 세월을 죽이고만 있는 것이다. 그렇게 살아오다 만난 게 고작 술이고 텔레비전이다. 그들에겐 밥벌이가 오로지 삶이고 즐거움이고 생존 그 자체였기에, 일에서 손을 놓자마자 삶에서도 손을 떼어 버리고 만다. 그야말로 처량하게 늙어가고 있는 것이다.

드디어 내게 찾아온 여유와 쉬는 시간에 무엇을 할 것인가? 평소 해보고 싶었지만 못했던 일, 그것을 생각해 놓아야 한다. 그렇지 못하면 정작 그런 때가 와도 뭘 할지 몰라서 지루해하거나 허둥대면서 시간을 허비하게 된다.

언젠가는 찾아올 온전한 나만의 시간, 그때가 오면 나를 위한 배려와 평생 힘든 길을 걸어온 나를 위해서 봉사할 수 있도록 계획을 세워놓고, 그 시간이 오기만을 꿈꾸듯 기다리는 것은 큰 즐거움이다. 당장 시작하자. 우리의 유일한 낙(樂)이란 게 한 잔 걸치는 것뿐이라면 너무 쓸쓸하지 않겠는가?

취미(趣味)생활은 무엇보다도 즐기는 재미가 있어야 한다.

멋진 시작이 되는 취미, 취미를 즐기고 취미를 가꾸는 것, 이제는 그것이 생활의 중요한 일부가 되어도 좋다. 진정으로 해보고 싶었던 것, 실제 해보니 재미나 죽겠는 것, 그런 것들에 푹 빠져 살아도 좋다. 나의 미래를 가꾸는 놀이, 365일이 지루하지 않고 매일이 즐거운 그런 생활의 일부, 고상한 취미활동이 아니고 재미있는 취미생활이 되어야 한다.

좋은 취미는 아름다운 추억을 만들고 그 추억이 나의 역사가 된다. 추억이 힘이 되는 그런 후반 인생을 살 수 있으면 우리의 인생은 성공한 것이다.

부활의 시기에 시작하는 취미생활은 담담(淡淡)으로부터 출발 하여야 한다. 생활전선에서 뛰며 활동할 때처럼 눈에 불을 켜고 경쟁적으로 남에게 보이려고 하거나 죽기 살기로 매달리면 그것 은 이미 취미가 아니다. 고역이고 스스로 자초한 스트레스가 심 하다.

담담(淡淡)하다 함은 '물이 맑다. 달빛이 선명하게 맑다. 마음 이 고요하게 맑다.'와 같이 맑고도 맑은 것이다. 그런 담담한 마 음으로 시작하여야 진정으로 즐거움과 함께 하는 취미생활을 할 수 있게 된다.

창조성 아름다움, 예술을 사랑하자. 미술·음악·춤·시에 마 음을 열어라. 당신의 마음과 혼이 베토벤의 음악, 모차르트의 소 리와 함께 날아오르게 하라. 클래식이 싫다면 유행가도 좋다. 형 식은 다르겠지만 우리는 모두 음악을 좋아한다. 그런 사랑에 빠 져 들어라. 음악은 우리를 새로운 세계로 데려다 주고 우리의 영 혼을 빛나게 한다. 미술을 사랑하라. 음악을 사랑하라. 춤을 사랑하라. 시를 사랑하라. 이러한 것들은 창조적 상상력에서 나오는 장엄한 아름다움이다.

음악을 듣고, 그림을 그리며, 꽃과 나무를 가꾸는 것은 나 스스로에게 행하는 테라피theraphy의 일종이다. 음악과 그림과 꽃과 책은 나를 치유하고 나를 건강하게 하는 선물이다. 내 영혼을 편하게 하고 내 몸을 건강하게 한다. 음악을 듣고 그림을 그리며 책을 읽고 꽃과 나무를 가꾸는 것은 살아서 천상의 꿈을 가꾸는 것과 같다. 기분전환이나 오락을 하는 게 아니라 즐기는 것이다. 노래와 그림과 춤 등을 통하여 나를 드러내고 스스로 즐기는 것이다.

배우는 것도 아주 좋은 취미생활의 일부가 될 수 있다. 배운다는 것은 그 자체가 삶이고 기쁨이고 행복이다. 배우는 과정에 하루의 즐거움과 건강한 삶이 함께 한다. 남에게 보이려고, 자랑하려고 하는 것들은 이미 의미가 없다. 전시회, 발표회 등은 일시적인 만족을 줄 수 있지만 그 이상은 '글쎄올시다'이고, 작품이 실용적이 아니면 오히려 짐이 된다. 내 딴에는 잘 된 작품이라고 선사한 내 그림이 친구의 창고에서 나뒹굴고 있는 것을 보았을 때의 심정은 그야말로 씁쓸하고 고약하다. 정성을 다해 만든 작품이지만 남들에게는 주어도 반갑지 않은 짐일 뿐이다. 돈이 많이 들어가는 것이나 힘이 너무 많이 들어가는 것도 오래 지속할 수가 없다. 하는 과정이 즐겁지 않으면 할 이유가 없다. 혼자서라도 오랫동안 할 수 있어야 한다.

배우러 다니자. 학원을 다니자. 시험치고 자격증 따는 것이 아니라, 그냥 배우는 게 좋고, 새로운 분야의 사람도 사귀고 여기저기 헤매며 쓸데없이 사람 만나 실없는 소리나 주고받는 것보다는 백배 재밌고 천배 유익하다. 돈도 싸다. 술 한 잔 안 하고 골프 한 번 안치면 한 달 수강료가 나온다. 그리고 어제와는 전혀 다른 세상이 눈앞에 펼쳐진다. 문화센터에만 가도 배우고 즐기고 시간 보내기 좋은 강좌가 많이 있다.

취미에 관련한 책도 사 보고 잡지도 정기 구독하여 보자. 책방에 가 보라, 이것저것 많다. 우리가 마음만 먹으면 싸고도 쉽게 배우러 다닐만한 곳은 널려 있다. 구민회관이나 백화점에서 운영하는 문화센터, 예술의 전당과 과천 현대 미술관에서 열어 놓은 서예, 사진, 미술 강좌와 국립박물관의 박물관대학, 서울시에서 운영하는 시민대학, 대학교의 사회교육원 등등 배우고 익히고 즐기며 시간을 보낼 수 있는 곳은 도처에 많다.

좀 더 심화하여 공부하고 싶다면 대학원이나 방송통신대학에 등록하여 늦게나마 하고 싶은 공부를 원없이 할 수도 있다. 관심 분야를 택하여 할 수도 있고, 미술디자인 대학원, 음악치료대학원 등도 부담 없이 다녀볼 만한 곳이다. 악기를 배우러, 그림을 그리러, 요리를 배우러 학원에 등록하여 꾸준히 공부를 하면 생활에 리듬이 생기고 매일 매일이 즐겁다.

영국, 미국, 프랑스 등 문화원에서 즐기고 배운다. 영국문화원에서 영어를 배우고, 프랑스문화원에서 고전영화를 감상하고, 이탈리아문화원에서 정통 파스타 요리를 배운다. 각국 문화원에서 유학정보를 얻는 것은 물론 다양한 문화예술 활동과 투자 상담까지 하는 이들이 늘고 있다.

백화점문화센터는 여성들만의 전용관이 아니다. 음악, 미술, 요가 등등 각양각색의 프로그램이 즐비하다. 색소폰을 배우는 은퇴 후 세대가 마냥 즐겁다. 비슷하게 각 구청에서 열고 있는 문화센터는 값도 저렴하고 지역에 가까이 있어서 쉽게 접할 수 있다.

대학교의 사회교육원에서는 각종 교양강좌는 물론 실생활에 필요한 교육 취미에 관한 것, 취업에 도움 되는 것 등 학위를 목적으로 하지는 않으나 현재 사회에서 필요로 하는 것들을 실용적인 차원에서 가르쳐준다. 교수는 물론 사회 각 분야의 전문가들이 열강을 하고 있다. 한국학중앙연구소의 청계서당은 일반인을 대상으로 수준 높은 고전공부와 한문강좌를 열고 있다. 국립박물관과 예술의 전당에서도 우리의 역사와 예술 전반에 걸쳐서

도움이 되는 강좌가 있다.

바쁘다는 것을 자랑하는 사람은 자신이 바보이며, 또한 내 생을 아무렇게나 허비하고 있다는 것을 선전하고 있는 것이다.

구경하는 것, 텔레비전 시청이나 스포츠, 연극, 영화 등을 보고 있노라면 재미있는 것들이 많다. 그런데 그런 재미는 오래 지속되지 않고 왠지 허탈해지는 경우가 있다. 재미는 있는데 샘솟는 기쁨은 없다. 볼 때는 너무 좋아서 다시 보고 싶은 마음이었는데 시간이 지나면서 언제 그랬냐는 듯 슬그머니 그 감흥이 사라져버린다.

왜 그럴까? 그것은 바로 내 몸을 움직이면서 스스로 뭔가를 하는 과정에서 나온 즐거움이 아니기 때문이다. 그저 남이 제공하는 것을 나는 가만히 앉아서 보고 즐기기만 했기 때문이다. 내가 한 일이 없으니 거기에 무슨 샘솟는 기쁨이 우러나오겠는가? 스포츠를 해도 내가 직접 뛰면서 하는 것, 서툴지만 스스로 하는 데서 우리는 샘솟는 기쁨과 보람을 느끼는 것이다. 그것이 우리를 기쁘게 하고 오랫동안 지속되는 즐거움을 안겨준다.

특히 부활의 시기에는 남에게서 얻는 단순한 재미를 얻으려고 하는 것보다는 내가 좋아하는 것들을 내 손으로 하면서 샘솟는 기쁨을 창출하는 것, 그것이야 말로 참다운 인생을 경영하는 최고 최선의 방식이 되는 것이다.

　나는 무엇을 할 때 가장 큰 기쁨이 솟아나오는가?

　그런 것을 찾아서 늦도록 내 생활의 동반자로 삼자. 아직도 무엇이 좋을지 모르는 여러분들을 위해 이런 저런 궁리를 하여 정리하여 놓았다. 이중에서 '아하, 바로 이거다. 당장 해보고 싶다.'는 그런 것을 찾아내시기를 바란다. 무엇인가에 매혹되면 삶에 활력이 생긴다.

인생을 캐주얼하게 사는 방법을 아십니까?

　이제까지의 삶을 바꾸어 살아보는 인생경영법, 세상 사는 잔재미는 작고 적은 것에 꽉 차 있다. 돈 적게 쓰고 혼자 잘 지내는 황홀한 방법, 지루하지 않게 매일매일 재밌게 살아가는 방법, 내 인생의 비밀상자를 가꾸며 살아가는 은밀한 행복……

　인생이란 어찌 보면 일상의 작고 소소하며 쫄깃한 재미로 사는 것 아니겠는가. 한입에 쏙 들어오는 것이 맛있다. 큰 것은 허벅하고 벅차다. 맛도 멋도 없다. 크고 화려하고 비싸고 시간 많이 잡아먹는 것은 대부분 재미없는 것들이다. 큰 재미만 쫓다가 세상 사는 참맛도, 멋도 모른 채 세월 다 보낸다. 남들이 모르는 곳, 남들이 거들떠보지도 않는 것에서 우리가 거두고 즐거워할 수 있는 것들이 무진장 많다. 그들은 모른다. 그래서 세상은 공평하다고 하는 것이다.

혼자서 노는 다양한 방법을 아십니까?

그동안 못해 봤던 새로운 인생의 다양한 멋과 맛을 즐긴다. 혼자서도 좋고, 둘이서도 좋고, 큰 돈 안 들이고 재밌게 보낼 수 있고, 정신적으로 안정감과 만족감을 얻고, 새로운 세계에서 새로운 인간들을 만나고 사귈 수도 있고, 기왕의 찌들었던 일상의 반복에서 벗어나 새로운 세계를 만나며, 이제까지 내가 살아오고 걸어온 것이 삶의 다양한 방법 중 아주 작은 부분임을 깨우친다.

아침의 여유와 느긋함을 즐기는 방법을 아십니까?

아침 일찍 일어나 새벽을 열고 대지를 호흡하며 새들과 나비와 나무와 꽃들에게 인사하는 아침의식을 치른다. 하늘을 우러러 감사하며 내게 주어진 오늘 하루를 맞이한다. 조용히 명상하고, 음악 들으며 책 읽고, 산책이나 운동을 하고나서 샤워를 하고 천천히 밥을 먹는다. 음미하면서 천천히…….

이런 의식 없이 하루를 시작함은 맛있는 음식을 씹지도 않고 허겁지겁 넘기는 것과 다름없다.

그동안 살아오면서 느끼지도 해 보지도 못했던 그런 것을 하고 산다.

메마른 가슴, 단순한 생각, 멍한 머리, 잃어버린 눈물…….

우리가 회복시켜야 할 것은 언제부터인가 내 속에서 빠져나가 버린 나의 감성과 순수성이다. 그것들을 회복시킬 때 우리의 부활은 물기를 머금고 새 잎을 피울 수 있다.

개인적 관심사와 취미를 사랑하라.

당신이 늘 하고 싶었던 것이 무엇이든 그것을 하고 그것을 사랑하라. 당신은 새로운 사람이 될 것이다.

몸을 쓰면
마음이 편해진다

　나이 들어서는 손과 발을 부지런히 움직이는 것이 건강에 가장 좋다고 한다. 그렇다고 아무런 재미도 없는데 손발을 움직이는 것은 지루해서 오래 지속할 수도 없으므로 뭔가 재미도 있고 오래 할 수 있는 걸 택해야 하는데, 거기에 딱 맞는 것이 바로 목공을 하는 것이다. 즉 목수 일을 하는 것인데, 아마추어가 주변에 소소한 것들을 직접 만들어 보는 것이다. 어른이 하는 나무공작 놀이라고 할 수 있다.

　취미 목공은 누구나 할 수 있다. 이렇게 자기가 직접 만드는 목공을 DIY(do it yourself)라고 한다. 여기에 관련해서는 국내외의 책도 많이 나와 있고 인터넷 목공쇼핑몰도 있으며, 가르치는 공방도 많다. 그런 곳에 등록하여 하나씩 배우면서 시작하면 어렵지 않게 할 수가 있다.

어느 정도 기초가 잡히고 흥미가 당기면 자기만의 공방을 갖추고 하는 것이 더 좋겠지만 그런 공간이 없다고 해도 공방을 다니면서 소품 작업을 할 수가 있다. 몸과 머리를 같이 쓰게 되고 그 중에서도 손을 주로 사용하는 작업이라서 건강에도 큰 도움이 된다. 미숙하지만 자기만의 멋과 흥취가 담겨 있는 작품을 만들어서 직접 사용하면, 볼 때마다 쓸 때마다 느끼는 흐뭇한 마음은 예술가나 다름없다. 작품을 설계하고 그것을 만들면서 잡념에 빠지는 일 없이 집중할 수 있으므로 시간이 흘러가는 줄 모를 정도다. 소일하는 데에는 이만한 것이 없다.

이와 유사한 것으로 목공예가 있는데, 이것은 나무에 그림을 그리고 글자를 새기는 등 미술이나 조각의 분야에 속하는 것으로 나무를 사용하기 때문에 목공예라고 불리는 것이다. 나무에 그림이나 글씨를 양각이나 음각으로 새기는 것을 서각이라고 한다. 또 인두로 지져서 그림이나 글씨를 쓰는 경우도 있다. 이런 것들은 미술의 한 분야로 보아야 하는데, 목공예학원에서 배울 수 있고 자신들이 만든 작품을 가지고 전시회를 열기도 한다.

이외에도 유리공예를 한다든가 도자기를 배운다든가 하는 것들도 목공과 마찬가지로 손을 쓰고 작품을 만든다는 점에서는

비슷하다. 다만 도자기나 유리공예는 취미로는 좋지만 실용적이
지는 못하고 비용 면에서나, 배우고 행할 수 있는 장소나 공간
면에서 목공보다는 수월하지가 않다.

삼류라도 좋다,
화가가 되어 보자

캐리커처caricatuer, 일러스트레이션illustration, 데생, 드로잉, 유화, 수채화 등 성인을 대상으로 취미 미술을 가르치는 학원이 홍대 앞, 신촌, 강남역 등에 많다. 기초 미술교육 4주에 드로잉 스케치 등 초급과정을 8주만에 배울 수 있다. 한 주에 2회씩 다니면 된다. 유유자적(悠悠自適)하면서 뭔가 예술적인 창조활동을 한다는 것은 부활의 기념이 될 뿐만 아니라, 아마추어로서 작품 활동을 한다는 것은 교졸(巧拙)하고 서툴기 때문에 기쁨이 더 크고 새로운 탄생을 실감하는 일이 될 것이다. 서툰 솜씨지만 직접 만들어 본다는 것은 창조행위인 것이고, 그런 창조의 맛을 느끼는 것은 새로운 탄생과 다름 아닌 것이다.

30년 동안 은행원으로 일하면서 취미라고는 일밖에 모르던 사람이 정년퇴직 후 62세 때 동양화를 배우겠다며 홀연히 중국으로 떠났다가 2년 만에 어엿한 '동양화가'가 되어 돌아왔다. 그는 청나라 최고의 화가 금농(金農)은 쉰이 넘어 붓을 잡았고 예순이 훨씬 넘어서야 괘나무를 그리기 시작했다는 말에 용기를 낼 수 있었다고 한다.

이와 같이 노년기에 무언가를 시작해서 큰 업적을 낸 사람들은 동·서양을 통해 수도 없이 많다. 뒤늦게 만난 취미에 몰두하는 것은 다시 만나 새롭게 우정을 나누는 오래된 벗과 같은 것이다.

나만의 글씨,
한 잔의 차茶

부활의 시기에는 나만의 글씨를 남기자. 이제부터는 내 글과 내 글씨를 써보기로 하자. 꼭 글씨를 잘 써야겠다고 덤벼들다보면 이 또한 새로운 스트레스를 자초하는 것이므로, 부활의 시기에는 서예 그 자체로서 만족하고 즐기도록 하는 것이 좋다.

그런데 서예라는 것이 왜 옛날 사람들이 쓰던 필기도구를 사용하여 그들의 글씨체를 따라야만 하는 것인지는 한번 곰곰이 생각해 볼 일이다. 과거의 유명한 서예가의 글씨를 복사하듯이 따라 쓰려고 한다면 그것은 이루기도 어렵거니와 이 나이에 그런 것이 다 무슨 소용이 있겠는가? 왜 요즘은 잘 쓰지도 않는 붓을 들고 예서니, 행서니, 초서니 하며 체본을 보면서 그림 그리듯이 해야 하는가? 붓글씨를 '서도(書道)'라고 하면서 정신을 수양하는 방법으로 택하는 것도 그 나름대로 의미가 있겠지만, 취미생활의 하나로써 글씨쓰기를 한다면 그것은 좀 더 자유롭고 재미가 있어야 한다고 생각한다.

그냥 내가 평생 써온 볼펜이나 만년필 또는 사인펜으로 나만의 개성이 묻어나는 그런 글씨를 써서 떡하니 벽에 걸어놓아도 그럴듯 하지 않겠는가? 해석도 못하는 한자 글을 모사하여 걸어놓는다고 거기에서 무슨 기쁨과 예술적 향기를 맡을 수 있겠는가? 차라리 내 글씨로, 우리 한글로, 뜻이 있고 멋이 있는 글을 써서 친구들이나 자식에게 하나씩 주어도 좋지 않겠는가?

이제부터는 내 글과 내 글씨를 써 보기로 하자. 나의 손이 가는대로 써낸, 세상에 하나밖에 없는 '나의 글씨'를 써서 남기는 것이야말로 독창적이고 개성 있는 작품이 아니겠는가? 서툴고 치졸하여도 세상에 단 하나밖에 없는 나의 글씨를 써서 남겨 놓는다면 그 또한 의미가 있는 일이 아니겠는가?

혹시 누가 아는가? 다들 표준화된 글씨가 남아 있는데 아주 보기 드문 졸필이 오히려 감탄을 자아내고 작품성을 인정받는 그런 시대가 올지……

잘 쓰는 것은 쉽고 그런 사람도 많다. 하지만 못쓰기는 아무나 할 수도, 비슷하게 할 수도 없다. 오직 세상에서 나만이 할 수 있는 것이다.

캘리그라피(calligraphy)라는 것이 바로 이것이다.

서예와 달리 손으로 글자를 아름답고 멋있게 쓰는 것을 말하는데, 한마디로 개성있게 표현하는 '손 글씨'를 뜻한다.

최근에는 모든 분야의 디자인에 이 '손 글씨'가 당당히 한 몫을 담당하고 있고, 예전에 '왕휘지체'니 '추사체'니 하듯이 '누구누구체'라고 하면서 독특한 자기류의 서체를 당당히 내보이고 그것을 상품화하기도 한다. 예전과 다른 것이 있다면 예전에는 서법(書法)이라는 것이 있어서 붓을 사용하는 엄격한 필법을 따르고 잘 쓴 글씨를 모사하는 것이 중요했으나 지금 시대는 각인각색으로 자기만의 글씨체를 표현하고 있다. 필기구도 현대의 수십 가지 종류의 도구를 다 사용하면서 글씨를 만들어낸다. 요령을 가르쳐주는 학원도 있다. 배워보자.

글씨쓰기는 차(茶) 마시는 것과 함께 어울리면 좋다. 차에 대해 공부하고 매일 꾸준히 마시는 것은 몸에도 좋지만 정신건강에 더욱 좋다. 하루 중 아침식사 전, 간단한 스트레칭과 명상 후 한 잔, 그리고 한가로울 때 조용히 차를 끓이고 마시는 것은 일일 수행의 하나다.

글씨 쓰면서 차를 마시고 거기에 향을 피우면 이만한 멋과 흥취가 또 있을까. 향기로운 촛불 하나, 긴 밤이 달콤하다.

낭만을 연주하자

Revival

어떤 악기든지 몇 곡 안 되지만 자기가 연주할 수 있는 곡을 가지고, 혼자서 온갖 폼을 다 잡으며 연주하는 모습을 상상해 보자. 생각만 해도 멋지지 않은가? 술 먹고 해롱대면서 헛소리하는 것보다 격이 다르고 깊이가 다르지 않은가?

부활의 시기에는 이렇게 낭만을 즐기고 연주할 수 있어야 한다. 실버에 악기를 배우려는 사람들도 점점 늘어나고 있다. 악기 배우는 곳은 종로통에도 홍대 앞에도 즐비하게 있다.

맹인 하모니카 연주가 '전재덕'의 연주를 들어보라. 당장 하모니카를 사서 불어보고 싶어진다. 하모니카를 불면서 해금을 켜면 멋있지 않을까? 생각만 해도 그럴듯하다.

하와이 민속악기 '우쿨렐레'. 4줄짜리 미니 기타 모양의 이 현악기는 비교적 연주법이 간단하고 휴대하기가 편하다. 빠르면 보름 만에도 연주법을 익힐 수 있다는 게 우쿨렐레의 매력이다. 우쿨렐레는 어떤 악기와도 무리 없이 잘 어울린다. 국내에선 2~3년 전부터 인터넷 동호회를 중심으로 애호가가 늘고 있다. 서양에선 인기 악기로 자리잡은 지 이미 오래다. 세계 최고의 투자가 워렌 버핏이 연례 주주총회 때 이 악기를 연주해 화제를 모았고, 하와이 출신 미국 대통령 오바마도 우쿨렐레의 애호가로 알려져 있다. 모 장관은 현직에서 물러나면 아프리카의 전통악기인 '젬베'와 '두둠바' 연주를 배우고 싶다고 말했다. 이런 꿈들이 바쁘고 고달픈 현실을 잊게 한다.

* **서양악기** : 트럼펫, 색소폰, 클라리넷, 아코디언, 기타, 피아노.

* **우리나라 악기** : 단소, 피리, 대금, 아쟁, 해금 등.

* **하모니카** : 나이 든 사람이 들고 다니면서 부르는 것도 멋있다.

* **드럼** : 영혼을 울리듯 두드리다보면 스트레스도 날아가고 몸 건강에도
　　좋다.

나도 가수다

누구나 '노래를 잘 부르고 싶다' 는 욕망이 있다

나도 무대에 한번 서보고 싶다. 제대로 배워서 어느 날 갑자기 남들 앞에서 한 곡 뽑아내어 놀래주고 싶다. 그렇게 멋진 사람으로 변신하고 싶다. 그렇다면 정식으로 보컬 트레이닝을 받아보자.

배우면서도 즐겁고 배우고 나면 평소에도 신나고 어디 가서도 주눅 들지 않고 한 곡 뽑아낼 수가 있으니 가는 곳 마다 인기요, 남 앞에 서는 것이 어렵지 않고 오히려 즐겁다.

가사가 좋은 노래는 때로는 우리들의 가슴을 적시기도 한다. 가끔은 나만의 애창곡, 나만의 노래를 불러보자. 노래를 가르치는 곳은 많다. 문화센터에서는 무료로 가르치기도 하는데 여자들이 많아서 남자들은 가기가 어색하지만, 눈 찔끔 감고 들어가서 뒷자리에라도 앉아서 배우자. 누가 뭐랄 것인가. 오히려 반갑다고 환영의 인사가 클 것이다. 조금만 쪽을 팔고 여자들의 영역을 들어가면 손쉽게 얻을 것 들이 많다. 대중가요에서도 용기와 즐거움을 얻을 수 있다.

대중가요뿐만 아니라 가곡이나 클래식을 가르치는 학원이나 개인교습소도 많다. 그런 곳에 등록하여 목청도 틔우고, 목이 터져라 외치면서 불러대면 건강에도 좋을 것이 틀림없다. 노래를 부르면서 즐겁지 않다고 한다면 그것은 아마도 땅속을 기어 다니는 눈먼 두더지밖에 없으리라.

귀를 열고
음악에 취해 보자

Revival

음악은 몸과 마음의 비타민이다. 40에 들어서면 클래식이 좋아지는 나이가 된다. 40대 중반을 넘기면 자꾸 클래식음악이 귀에 들어온다. 젊어서는 사는 게 바빠서 못했던 감상 취미를 70이 넘어서 얻게 되기도 한다. 클래식 음악은 중·장년층이 아주 자연스럽게 받아들일 수 있는 음악장르다.

음악은 참으로 이상한 마력이 있는 모양이다. 모차르트의 음악을 들으면 모든 것이 다 잘 된다고 하는 사람들의 모임이 일본에도 있고 한국에도 생겼다. '모차르트 음악 숙성협회'라는 단체인데, 모차르트 음악을 계속 들으면 사업도 번창하고 건강도 좋아진다고 한다.

음악은 우리에게 재미와 즐거움과 함께 용기를 선사하는 묘약임에 틀림없다. 들으면 힘이 나고 기분 좋아지는 노래나 연주가 있다. 그런 노래와 연주를 담은 CD나 DVD를 사서 곁에 두고 틈틈이 들으면 대단히 효과가 있다. 음악은 누구나 즐겨도 되는 소리다. 각자의 귀로 느끼면 된다.

클래식이 마땅치 않으면 대중가요도 좋고, 국악이나 판소리도 좋다. 형식은 다르지만 사람들은 모두 음악을 좋아한다. 사는 데 바빠서 미처 챙겨듣지 못했던 음악이 활짝 웃는 얼굴로 우리를 기다린다.

가창력 있는 가수들의 노래를 들으면 없던 힘도 솟구친다. 김연자, 정수라, 마야가 일요일 저녁 열린 음악회에서 부르는 힘찬 노래가 듣기 좋다. 작은 무대에서 옛날 가수의 콘서트를 보는 기쁨 또한 색다른 즐거움이다. 온 정성을 다해 온몸으로 보여주려는 그 노력을 보는 것만으로도 얼마나 큰 기쁨이고 행복인가. 대중가수들의 몇 십 주년 기념 콘서트는 그들의 일생이 담긴 노래 세계를 한눈에 접할 수 있는 절호의 시간이다. 그들이 정성을 다해 준비하여 보여주는 열광의 무대를 마주할 수 있다는 것은 행운이고 큰 즐거움이다. 그것은 한 인간이 보여줄 수 있는 최고, 최상의 드라마인 것이다. 어찌 망설이고 따질 것인가. 무조건 달려가 보자. 시간도 돈도 아끼지 말고……

오래된 저음의 가수 최희준 씨가 부르는 '빛과 그림자'를 들어보라. 깊은 울림을 선사하는 우수에 찬 윤시내 씨의 열창을 들어보라. 이런 가수들의 노래를 들을 수 있음에 어느덧 감사하고 있는 자신을 발견하게 된다. 깊은 슬픔 속에서 흐느끼듯 나오는 것 같은 아름다운 음색을 들으면 오히려 맘이 단정해지고 용기가 피어오름을 느낄 수가 있다. 어떤 이는 윤시내의 '열애'를 듣고 새삼 감동을 느꼈다고 지인들에게 메일을 보내기도 했다. 이처럼 대중가요를 들어도 힘이 생기고 기분이 좋아질 때가 많다.

내 친구 하나는 시골에 집을 짓고 살면서 아내는 조그만 꽃밭을 가꾸고 자신은 1층 전체를 음악실로 꾸며놓고 산다. 때때로 친구들을 부르고 소규모 연주자들을 초대하여 음악감상회를 열기도 한다. 그렇게 사는 사람들이 많다.

카메라에
세월을 담고

비디오는 직접 촬영하면 나의 역사가 기록되는 것이고, 다큐멘터리나 취미실용 등을 비디오로 보는 것은 재미도 있고 배움도 깨달음도 크다. 그리고 우주천문에 대한 것을 볼 때는 우리 삶의 근본까지 생각하게 된다.

사진을 찍고 비디오를 촬영하는 것은, 특히 비디오로 나와 내 주변을 찍는다는 것은 나 자신을 현재에 기록하고 영구히 정지 화면으로 담아 놓는 것이 된다. 과거와 달리 비디오나 사진을 통해서 우리는 좀 더 생생하고 즐거운 것들을 얼마든지 접할 수가 있다. 배움에 관한 것은 물론이고 영화나 음악 등을 좋은 TV로,

3D로도 볼 수 있는 세상이 되었다.

사진도 전문가들의 전유물이 아니다. 카메라가 다 해 주는 세상이 되었다. 셔터를 누르기만 해도 다 된다. 과거 사진작가와 사진현상 전문가들만이 가졌던 노하우들이 오늘날 디지털 카메라에 모두 담겨 있다. 아이티 기술은 생활의 편리함이나 생산성을 높이는 것을 넘어 사람의 창조성과 예술성을 북돋아주는 수단까지 제공하게 되었다. 스마트폰으로 영화를 찍고 휴대전화가 카메라 기능을 대신한다.

자식들이 태어날 때부터 어린 시절을 기록하였다가 결혼할 때 기념으로 준다면 그보다도 더 좋은 선물이 어디 있겠는가? 이젠 다 나이 먹어서 틀렸다고 하지 말고 이때까지 못했다면 지금부터라도 가족들의 모습들을 담아내면 된다. 사진을 찍으려면 움직여야 하고 실내뿐 아니라 멀리 사진찍기 여행을 가기도 하니 건강에도 좋은 취미활동이다.

그리고 요즘은 디지털카메라 시대이므로 필름 걱정 없이 기록과 추억을 위한 사진 찍기에는 대단히 편리하고 경제적이다. 찍은 후 바로 PC에 입력하여 보관할 수도 있고 바로 전송할 수도 있으니 참으로 좋은 세상이다.

디지털 카메라는 동영상 기능도 있어서 바로 TV에 연결하여

볼 수도 있으니 얼마나 재미있는 놀이기구인가? 더욱 매력적인 것은 그냥 찍기만 하면 된다는 것이다. 자동으로 설정하면 옛날의 거창하던 카메라와 달리 그냥 꾹꾹 눌러대기만 하면 된다. 맘에 안 들면 바로 지워버려도 되고, 가볍고 휴대하기도 간편하다. 그리고 점점 가격도 싸지고 있다.

현미경으로 보는 나무 단면사진 너무나 황홀하다. 색깔도 모양도 이것을 모사만 하여도 훌륭한 작품이 된다. 감나무의 현미경 사진. 이런 아름다운 추상화가 또 어디 있겠는가?

지난 세월 되돌려 보면 힘겹고 슬픈 일만이 있었던 것이 아니다. 부부간에 가끔 지루하고 화날 때도 아내와의 젊었을 때의 즐거운 추억, 그때를 생각하면 마음이 풀어지고 입가에 미소가 번진다.

가슴에 이름표 달고 엄마 손에 이끌려 초등학교 입학식에 가던 날, 대학 입학시험에 합격하여 세상을 다 얻은 듯 환호하던 그때 푸르고 푸르던 젊은 청춘 시절. 우리는 잊고 살았고, 그때는 몰랐지만 살다보니 그때 그 시절 그 일이 그렇게 찬란한 추억인 것들이 많고도 많다. 그런 것들을 목록을 만들어 정리해 두었다가 세상이 지루하고 피곤하고 슬플 때 흘러간 나의 역사를 돌려보자. 사진 비디오 자료 등을 정리하여 제목을 달고 정리한 다음 가까운 곳에 두고 틈틈이 펼쳐보는 것, 이것 또한 부활의 시기에 즐기는 여유로운 혜택이 아닐 수 없다.

추억의 앨범을 만들자. 일기장을 준비하자. 디지털카메라도 장만하자. 나는 기록 속에서 영원히 살아 있다. 지나간 발자취와 그때의 나의 모습을 돌이켜보는 것은 세월을 다시 돌리는 만큼이나 즐거운 일이다. 여행이나 가정사나 사회의 여러 모임에서 나의 모습을 남기는 것은 나의 복제를 만드는 것이다.

영상일기를 쓰자. 사진일기를 쓰자. 자신의 모습과 목소리로 그때의 시간을 묘사하라. 영상은 나를 그때의 그 모습으로 영원히 머물게 하는 신비한 마술이 될 것이다. 나의 30년 전 모습 그때의 말과 행동을 지금 보는 것은 나를 객관화시켜서 지켜볼 수 있게 한다.

즐거움이 쏠쏠하다. 자식들의 어린 시절을 비디오로 담아 건네준다면 그것보다 더 좋은 선물이 어디 있을까? 부모가 자식을 키우면서 얼마나 애지중지했는지 그대로 보여줄 수 있다. 또 나의 인생의 한 국면을 정지화면으로 볼 수 있다는 것도 멋지지 않은가?

어디를 가더라도 항상 디지털카메라를 가지고 다니자. 내 생의 봄날을 그곳에 그렇게 머물게 할 수 있다.

새로운 세상, 인터넷에 빠져 보자

Revival

인터넷은 정보의 창고이기도 하지만 나이 먹은 이들에게는 소통과 소일의 플라자가 될 수 있다.

인터넷에 들어가 보면 세상이 요지경이요, 즐거움이 가득 찬 곳임을 금방 느낄 수 있다. 야동은 물론이지만 재미있는 인터넷 주소가 많이 있다. 이런 것들을 주소창에 입력해 놓고 자주 방문하면 매일이 즐겁다. '참, 나이 먹고 가관이네.' 할 정도로 인터넷에 푹 빠지면 하루가 즐겁다. 인터넷 동호회에 가면 친구도 많다. 그곳에서는 나이도 따지지 않고 익명으로 함께 어울릴 수도 있으니 여기저기 사이트를 기웃거리며 친구를 사귀는 것이 가능하다. 인터넷에 올라와 있는 닉네임은 현대판 호다. 이렇게 현대판 호 하나 가지고 활동할 수 있는 동호모임을 갖는 것이 맨날 쓸데없이 사람 만나는 것보다 훨씬 인생을 재미있게 사는 방법이 아니겠는가?

아날로그 세대들은 인터넷이라고 하면 무조건 겁부터 먹는데 그럴 것 없다. 핸드폰을 사용할 줄 알면 인터넷도 간단히 할 수 있다. 텔레비전 켜고 끄는 정도라고 생각하면 된다. 오히려 요즘의 스마트폰이 젊은이들도 어렵다고 한다. 인터넷은 핸드폰 기능의 일부만 사용할 줄 알아도 얼마든지 들어가 놀 수가 있다. 친구나 자식, 손자들과 채팅도 하고 이메일을 주고받는 일쯤은 아무것도 아니다. 어려울 것이라고 하는 사람은 운전이 무서워서 평생운전대를 잡지 않는 사람과 같다.

인터넷을 알면 새로운 세상에 들어가는 것이다.

인터넷을 잘 활용하려면 타이핑 능력을 키우는 것이 좋다. 자판을 잘 두드리게 되면 이메일도 자주하게 되고 이곳저곳 항해도 하려는 마음이 생기게 된다. 타이핑 기술은 인터넷을 열면 자습할 수 있는 프로그램이 있다. 하루에 30분씩 일주일만 해도 얼마든지 된다. 그리고 지금 가지고 있는 휴대폰의 기능을 하나씩 골고루 해보는 것이 큰 도움이 된다. 휴대폰의 사용이 익숙해지면 인터넷 진입이 한결 쉬워진다. 휴대폰도 어떤 의미에서는 인터넷의 일종이라고 할 수 있다. 스마트 폰은 휴대용 pc기능을 하기도 한다. 메일도 주고받고 인터넷검색도 한다. 그것으로 송금이나 주식거래 등 금융활동도 할 수 있다. 그리고 한 걸음 더 나가서 블로그, 동영상, 트위터 등을 직접 운영하거나 참여하면 인터넷이 더욱 친숙해지고 편리한 생활의 도구가 된다.

나이 든 사람일수록 인터넷과 가까이 하는 것이 좋다.

인터넷을 잘하고 싶다면 우선 내 손의 휴대전화부터 그 기능을 손에 익히도록 하자. 집에 들여 놓은 새로운 TV 리모컨 작동법부터 제대로 익히고 볼 일이다. 그렇게 내 주위의 주변기기부터 하나씩 친숙해지는 것, 이것이 우선이다. 이렇게 물건에서 사물, 사물에서 사람으로 가까이에 있으나 소홀히 했고 몰랐던 그런 것들부터 새삼스럽게 익히고 가까이 하자.

지금 세상은 맘만 먹으면 가능한 일들이 많다. 돈과 시간만 있으면, 아니 돈은 없더라도 시간만 있어도 할 수 있는 일이 무지 많다. 인터넷이 그런 것을 가능하게 해 준다. 이제까지 우리는 정보부족, 정보 편중의 시대에 살아왔다. 정보를 입수하는 자체가 능력이었고, 정보를 확보하고 있으면 그것이 곧 재산이었다.

그러나 지금 세상은 누구나 인터넷에서 정보를 공유할 수 있게 되었다. 이런 시대에 나이 먹은 사람들이 가지고 있는 힘, 과거의 지식과 지혜라는 것은 흘러간 가요처럼 요즈음 젊은이들한테는 흥미가 없는 구닥다리 정보가 되었다. 비록 나이 먹고나서 우리들의 지혜라는 것이 그들에게 새삼 일깨워져서 '아, 그때 그말이 이런 말이구나!' 후회하며 아쉬워할지라도, 훌륭한 말씀이고 경험에서 우러난 지혜라고 할지라도 지금의 그들에겐 한낱 올드맨의 잔소리로밖에 여겨지지 않는다.

이 시대는 인권의 자유화와 더불어서 지식의 공유화가 이루어진 시대가 되었다. 이런 시대에서의 능력은 인터넷을 잘 활용하는 것이 그 중의 하나이고, 그 정보를 활용하여 삶의 질을 높일 수 있는 방법이 된다. 그러니 그것을 어떻게 외면할 수가 있겠는가? 그러므로 우리 스스로가 인터넷에 능숙해야 한다. 뭐가 어려울까? 우리는 역전의 용사가 아닌가?

무엇인들 우리가 처음 접해보지 않은 것들이 있었던가?

뭐 하나 첨부터 잘한 것이 있었던가? 모두가 다 공부하고 연습해서 익숙해진 것들이다. 겁낼 것 없다. 힘들 것 없다. 바로 알고 있는 것을 실행하는 것이다. 몰라서 못하는 시대가 아니라 알고도 안 하는 시대에 살고 있다. 이점이 이 시대가 과거시대와 확연히 다른 점이다.

인터넷은 모든 연령층에게 하루 24시간 열려 있는 놀이방이고, 공부방이고, 도서관이고, 운동장이 되었다.

의류제조공장 등을 하다가 나이 60살이 넘어서 서울시민대학의 PC강좌를 듣기 시작한 것을 계기로 컴퓨터에 푹 빠져서 지금은 컴퓨터 강사 된 사람이 있다. 교육 강사 하면서 IT관련 자격증만도 17개나 된다. 10년 전 직장암 선고를 받고도 컴퓨터 배우는 재미에 어느덧 암도 사라졌다고 한다. 한 노인종합복지관에 강의하러갔다가 50년 만에 어릴 적 친구를 만났는데 친구가 대뜸 "나 여기 컴퓨터 배우러 왔어." 하고 의기양양하게 말하는데 그 앞에서 차마 "내가 네 선생이다." 라고 말 할 수 없었다고 한다.

'일만 시간의 법칙' 이라는 말이 있다.

성공한 사람들의 비결은 집요한 연습과 반복학습이 있고, 그에 걸린 시간은 대략 1만 시간으로, 이는 하루 3시간씩 약 10년을 투자해야 비로소 아웃라이더, 즉 달인이 될 수 있다는 것으로 말콤 글래드웰의 책 '아웃라이더' 의 요점이다.

그런데 시대는 변해서, IT제품의 발전은 평범한 사람들에게도 아웃라이더가 될 수 있는 기회를 제공하고 있다. 1만 시간의 연습이 없어도 가능하게 해 준다. 관심이 있다면 1만 시간의 연습을 기술이 대신해 줄 수 있는 시대가 오고 있기 때문이다. 우리는 내 자신 속에 숨겨져 왔던 갖가지 재능을 끄집어내 꽃 피울 수 있는 시대에 살고 있다.

이 시기에 우리에게 정말로 필요한 것은 새로운 재능개발이 아니라 감성과 호기심의 끈을 놓지 않는 것이다.

시크릿 가든,
나만의 파라다이스

생각만 해도 흐뭇하고, 힘들고 지칠 때 무작정 달려가는 곳, 아무 때나 찾아가 쉴 수 있는 나만의 안식처. 그런 곳을 하나쯤 정해놓고 살자. 그런 곳을 가지고 있다는 건 내게 믿는 구석이 하나 있다는 것을 의미한다. 그런 믿는 구석이 있을 때 우리는 기죽지 않고 늠름하게 살 수 있다. 폼 잡으면서 살아갈 수 있다. 그곳이 내게는 어디일까?

흙과 나무와 꽃과 더불어 정원을 가꾸고 텃밭을 일구면서 대지와 호흡한다. 술 먹고 수다떨고 같이 어울려 노는 사람만이 친

구일까? 꽃과 나무, 새와 벌과 나비, 개와 닭. 그런 모든 것들과
도 정을 나누는 친구가 될 수 있다. 오히려 말 못하는 이런 것들
이 정을 주면 줄수록 우정이 깊어진다. 외로워 말라. 내 주위에
좋은 벗들이 다가오기를 기다리고 있다. 자연과 벗하는 자는 배
신과 상처 없이 세상을 살아갈 수 있게 된다.

　　전원생활을 즐기자. 텃밭을 가꾸고 계곡물을 끌어온다. 정자
를 만들고 연못을 판다. 바비큐장과 황토온돌방을 만든다. 벌을
키우고 새집을 짓고 새를 부른다. 야채를 기르고 산나물을 뜯고,
자연생수를 먹는다. 야채 씨를 뿌리고, 가꾸고, 그 채소를 거두
어 먹는 재미, 벌통치고 토종꿀 나누어 먹는 재미, 닭 기르고 달
걀 훔쳐 먹는 재미, 강아지 기르고 친구삼아 지내는 재미, 염소
기르고 염소 젖 얻어먹는 재미. 전원은 자연에서 얻을 수 있는
모든 것들을 손쉽게 접하게 해 준다.

　　정원을 가꾸자. 나무와 꽃을 심고 키운다. tree garden, flower
garden, vegetable garden. 나무를 심고 꽃씨와 채소 씨앗을 정
원 가득히 뿌린다. 철철이 꽃이 피고 새싹이 자란다. 나무가 커
가는 것을 보는 재미와 화초를 심고 키우고 꽃을 보는 재미는 살
아서 낙원을 보는 것과 같다. 어린 묘목을 하나 선정하여 잘 키
워보거나, 멋있고 정취 있는 나무를 수집하여 옮겨다 심고 기르

며, 특별한 날에 식수를 하는 것은 기념으로 가족사진을 찍는 것처럼 훗날 나를 기억해 주는 증언목이 될 것이다. 내 생이 끝나도 나무는 나를 추억할 것이다.

혹시 아는가? 내가 심은 그 나무 밑에 수목장을 하게 될지도……. 지금 심어도 죽기 전에 큰 나무를 볼 수 있다. 그 나무는 나를 대신하여 수백 년 동안 나의 후생을 지켜볼 것이다. 나만의 파라다이스, 시크릿 가든을 소유하고 가꾸는 매일이 즐겁다.

'정원은 인간정신의 가장 큰 청량제이며, 원예는 최상의 예술이다.' 라고 프란시스 베이컨은 정원 가꾸기를 극찬하였다.

"총리를 그만두면 야채 농사를 하거나 꽃을 키우거나 와인을 만들고 싶다고 합니다. 전 그 옆에서 레스토랑을 하고 싶네요." 하토야마 전 일본 총리의 부인 미유키 여사가 꿈꾸듯 말한다. 누구나 마음속에 이렇게 자연에 대한 동경을 갖고 있다. 식물을 기르고 나무나 꽃을 가꾸며 사는 꿈은 인간의 맘속에 숨어 있는 본성이다. 그러나 그런 쉬운 것을 사람들은 바빠서 헤매고 외로움에 떨다가 그냥 그렇게 맘속의 꿈으로만 간직한 채 세상을 뜬다. 말로는 그렇게 하지만 막상 실행하려고 보면 모든 것을 버리고 익숙한 일상에서 벗어나기가 두려운 것이다.

그러나 용기를 내서 힘차게 새로운 땅을 만지기 시작하면 새로운 세상을 맛보게 된다. 아주 가까운 곳에 있고 그것을 찾아내는 일은 아주 쉽고도 간단하다.

독일의 생태학자 볼프강 작스는 미래의 진정한 직업은 농부(農夫)라고 말한다. 우리는 원래 다 농부의 후손들이고 자연 속에서의 삶이 가장 행복한 것임을 잊고 살아가지만, 자연을 가까이 하면 곧 우리의 몸속에 숨겨져 있는 본래의 감성이 뛰쳐나오면서 편안해지는 것을 금방 느낄 수 있다. 우리가 마지막으로 돌아갈 곳도 자연의 품인 것이다.

나무를 심자. 나무는 신성한 생명력을 상징한다.

고(故) 이윤기 작가는 생전에 경기도 양평 그의 작업실 주변에 나무 1500그루를 심었다. 그는 나무를 심는 까닭을 밝히면서 "나무는 나의 재산에 속하지 않을 것이다. 나의 실존에 속할 것이다."라고 했다. 2001년 어느 날 여섯 그루의 잣나무가 자연 발아했다. 나무가 한 해 동안 5센티미터 크기로 자라는 과정을 지켜보면서 그는 '시간의 눈금'을 발견했다. 그는 조그만 '시간의 박물관'을 세우는 심정으로 나무를 심었다.

나무는 성소(聖所)다.

나무가 베어져 벌거벗은 죽음의 상처를 드러낼 때 우리는 나무의 묘비인 밑동의 단면에서 삶의 이야기를 읽는다. 나이테의 바르고 일그러진 모양새에는 모든 싸움과 고뇌, 행운과 번영의 역사가 그 대로 씌어 있다. 빈곤했던 해, 풍족했던 해, 견디어낸 폭풍우와 시 련들. 나무는 성소다. 나무와 이야기하고 그 말에 귀 기울일 줄 아 는 사람은 진리를 배운다. 나무는 교의나 규율을 말하지 않고 개별 적인 것을 넘어 삶의 근본 법칙을 들려준다.

―헤르만 헤세 〈나무들〉 중에서

자연 생활을 즐긴다. 단순한 삶을 산다. 즐거운 삶을 산다.

자연 속의 소소한 즐거움을 가꾼다. 정원을 가꾼다. 원예를 한 다. 채소를 기른다. 내가 먹을 것들을 내 손으로 씨를 뿌리고 거 두어 먹는다. 꽃을 심고 가꾸고 나무를 심고 가꾼다. 정원을 만 들고 나만의 자연의 성을 만든다. 최상의 예술인 정원을 가꾼다.

이렇게 편안하고 느긋하고 여유로운 모습, 나이든 나의 모습 을 생각한다. 우리는 어떤 모습으로 인생을 관조할 수 있을까?

이러한 나만의 시크리트 가든을 만들기 위한 노력을 오래전부 터 미리미리 하여야 한다. 시크리트 가든을 꿈꾸는 은밀한 꿈을 가지고 있는 바로 그때가 즐거운 것이다. 즐거움은 따로 있지 않 다. 꿈을 꾸고 그 꿈을 가꿀 때 바로 그때이다. 그런 꿈을 이루는 그 곳이 바로 파라다이스, 낙원인 것이다.

우리가 살아 있는 동안에도 스스로 낙원을 설계하고 즐길 수 있다. '새와 나비와 벌'과 놀고 '빛과 구름과 바람'과 벗하고 '나무와 꽃'을 키우며 그렇게 살 수가 있다.

꽃을 키우고 나무를 심는 것이 어찌 돈과 권력을 얻는 것보다 못하다고 누가 말할 수 있는가? 성공에 좌절하고 경쟁에서 뒤진 자들이 자신을 위로하고 자기만족에 빠져 자화자찬 하는 것이라고 어찌 말할 수 있을까?

살아 있어
행복한 운동

매일 운동을 생활화하고 있는 사람은 행복한 사람이다.

인간생활의 3대 요소인 의식주에 하나 더 추가하여 4대 요소로서 건강이 무엇보다도 중요한 생활요소가 되고 있다. 60이 넘어도 여전히 건강하고 스포츠와 레저를 즐기는 한 언제나 청춘이다.

의식주는 인간의 삶에 꼭 필요한 필수조건이지만 운동은 인생을 풍요롭게 하고 즐거운 인생을 보낼 수 있는 충분조건이다. 운동의 생활화는 운동하는 데서 즐거움을 느끼고 그런 생활을 매일 먹고 자는 것처럼 습관화하면서 즐기는 걸 말한다. 운동은 어떤 것보다도 더 큰 즐거움과 내 몸의 건강을 가져다준다. 매일 운동으로 시작하고 운동으로 마무리하며 잠자리에 들자. 매일 꾸준히 밥 먹듯이 운동하는 생활을 하면 인생이 풍요롭다.

　매일 할 수 있는 것으로는
- 아침명상(5분 명상과 복식호흡)
- 걷기(산책, 빠르게 걷기)
- 뱃속 단련운동(단전호흡, 배 두드리기, 항문 조이기)
- 하체근육 강화운동(계단 오르기, 제자리에서 앉았다 일어나기)
- 상체근육 강화운동(팔굽혀펴기, 줄넘기)
- 기지개 펴기 운동(취침 전과 기상 즉시, 그리고 수시로)
- 맨손체조

등이 있다.

　이것들은 누구나 할 수 있고 어디서나 할 수 있다. 핑계댈 수 없이 손쉽고 간단한 것들이다. 어느 하나도 어려운 것 없고 돈 드는 것 없다. 꼭 무슨 운동이고 시작하려면 운동방법이 어떻고 어떻게 해야 효과적인가부터 따지고 드는 머리 아픈 사람들이 있다. 그런 사람치고 오래 하는 사람 없다. 그냥 시작하는 것이다. 명상에 무슨 특별한 비법이 있는 것이 아니고, 단전호흡이 뭐 그렇게 큰 요령이 필요한 것도 아닌데, 책방에 가면 그것 하나 가지고 두꺼운 책으로 가득 쓰여 있다. 주위에 아는 사람한테 물어보아도 5분도 안 걸리는 간단한 것들이다. 하다 보면 요령이 생기고 요령이 생기면 자기 식으로 방법도 개발하게 되기도 한다. 그래도 마음이 안 놓이면 책방에 가서 사지 말고 건강코너에 잔뜩 쌓여 있는 책 중에서 하나 집어 들고 쓱 훑어만 보아도 금방 알 수 있다. 다 읽으면 오히려 혼란스러울 수 있다. 간단한 것을 장황하게 한 권의 책으로 내놓으려니 공연히 이러쿵저러쿵 쓸데없는 말이 많아지기 때문이다.

운동은 내 몸을 이용하여 내 스스로가 움직이면 되는 것이다. 비싼 회원권 사서 아침마다 호텔 헬스클럽을 다녀야 운동하는 것으로 생각한다면 이것은 애초부터 싹수가 노란 것이다. 혼자서는 뭐든지 할 수가 없어서 굳이 어디고 다니면서 운동을 해야 한다면 요가나 국선도를 권한다. 이 둘은 처음 배울 때는 혼자서 하기가 어려우므로 가서 배우면서 하는 것이 좋다. 동네마다 둘 중의 하나쯤은 학원이 있으니 빼먹지 말고 다니면 된다.

말이 트이면
세상이 보인다

　다른 나라 말을 할 수 있다는 것은 그 나라에 들어가는 패스포트를 지니고 있는 것과 같다. 외국 여행이 자유롭고 외국의 책과 영화를 쉽게 볼 수 있는 시대다.

　목적을 가지고 취미로 외국어방송을 들으면, 덤으로 외국어도 늘고 외국의 다양한 문화를 접할 수 있으며, 세상을 보는 눈도 트이고 재미가 쏠쏠하다. 끈질기게 외국어로 방송보기를 하다보면 어느 날 뻥하고 귀가 뚫린다. 그때 새로운 세상이 눈앞에 펼쳐진다. 세상이 보이면 인생이 두 배로 커지고 넓어진다. 외국어 하나를 안다는 게 이렇게 나의 삶의 폭을 넓히고 나를 자유롭게 할 줄이야, 귀머거리일 때는 진정 몰랐던 사실이다.

꼭 유창해야만 되는 것도 아니고 번역 전문가가 될 것도 아니라면 1,2년만에도 훌륭한 수준에 오를 수 있다. 가장 효과적인 것이 우선은 국제공통어인 영어이고, 그 다음에 여력이 있으면 중국어, 일본어가 될 것이다. 남이 안하는 것을 한다고 불어, 스페인어 등을 고집하는 사람도 있지만 가능하면 말은 여러 사람들이 하는 것을 택하는 것이 유용하다고 생각한다. 특히 세 나라의 방송이 케이블 TV나 위성방송에 다 나오기 때문에 맘만 먹으면 방송으로도 익힐 수가 있다. 물론 학원에 등록하여 다니면서 공부하는 것도 시간을 조금만 할애하고 술 한 잔만 덜 먹으면 된다.

무언가 배운다는 것은 보람 있는 일인데 그 중에서도 말을 배우는 것은 그 효과가 가장 크다고 할 수 있다. 어린아이는 말을 하면서 사람 꼴이 잡히고, 어른이 되어서 배우는 말은 세상을 여는 열쇠가 된다.

말이 트이면 세상이 보인다.

라이브의
감동을 즐겨보자

Revival

대학로에는 연극 공연 전용극장이 있고 선재미술관, 금호아트
센터에서는 다큐 영화나 예술성이 있는 독립영화 등을 주로 상영
한다. 국립극장, 예술의 전당, 세종문화회관, 호암아트홀, 정동극
장, 성남아트센터 등에서는 음악회, 연주회, 무용, 연극 공연과
각종 전시회 등 문화 행사가 연중 끊이지 않고 열리고 있다.

수십 년에 걸친 피나는 훈련과 노력으로 명인의 경지에 오른
연주자들이 신들린 듯 혼신의 힘을 다해 빚어내는 콘서트, 공연
장 전체를 감동으로 떨게 하는 천상의 목소리, 이런 것들을 느긋
이 편안한 의자에 앉아 듣는다는 것은 행운이며 지상에서 맛 볼

수 있는 최고의 환락이다.

오래된 가수들의 기념 콘서트에는 꼭 가보자. 한 사람의 가수가 그의 전 생애를 통하여 불렀던 모든 것들을 하루, 한자리에서 쏟아내는 모습은 감동이라는 말로밖에 설명할 수 없다. 단 한 번뿐일 수도 있는 잊지 못할 라이브 공연을 본 경험은 훗날 기막힌 추억이 된다. 이미자, 조용필, 패티김 등 몇 주년 기념 콘서트는 기를 쓰고 참석하자.

매주 일요일 저녁 6시에 열리는 음악회를 보는 재미는 유별하다. 감히 최고의 쇼라고 부르고 싶은 '열린 음악회'. 나는 일요일 저녁 6시에는 꼭 음악회를 본다. 그것도 편안한 내 집에서. B-boy공연을 보는 즐거움 또한 각별하다. 이 공연장에서는 소리 질러도, 박수를 맘대로 쳐도 된다. 얼마나 자유롭고 편한지, 공연장은 왠지 모르게 엄숙하기만 해서 혹시 공연 중에 기침이라도 할까봐 늘 긴장하면서 보는 것이었는데, 여긴 시장 한복판에서 노는 것과 같다.

연극을 하고 연주를 하는 사람들만이 예술가인 것은 아닐 것이다. 훌륭한 공연을 보면서 환호하고 감격하면서 공연자와 공감을 나누는 관객도 한 몫을 담당하는 예술가라고 생각한다. 관객이 없는 공연이 무슨 의미가 있을까? 공연을 알아주지 못하면 그 배우가, 연주자의 존재가 무슨 의미가 있을까?

그런 의미에서 연주회에서 음악을 즐기고 극장에서 연극이나 뮤지컬을 보는 관객 또한 그 공연에서 결코 빼놓을 수 없는 중요한 요소라고 할 수 있을 것이다.

나도 때론 공연 예술가가 되어 보자.

소유보다 풍요로운
감상의 취미

Revival

국립박물관, 역사박물관, 국립미술관, 과천 현대미술관. 이런 곳에서는 각종 전시회나 문화강좌, 세미나, 때로는 연극이나 영화상영 등 수시로 좋은 행사가 있다. 좋은 강좌를 싸구려 커피 한 잔 값에 들을 수도 있다.

국립박물관에서는 박물관대학도 열고 있다. 어느 곳에 가더라도 공원처럼 잘 꾸며진 정원에 사계절 아름다운 수목이 싱그럽다. 차 마시러 가도 되고 가벼운 식사를 해도 좋다. 박물관을 자주 이용하면 얻는 게 많다. 공부도 하고 휴식도 하고 즐기기도 하며 시간 보내기에는 이만한 곳이 없다.

인사동, 가회동, 삼청동에 즐비한 미술관에는 언제나 유명 혹은 무명의 예술가들이 작품전시회를 열고 있다. 언제 가도 멋진 작품들을 감상할 수 있다. 대부분 무료이고 보아주기만 해도 그들은 반가워한다. 보통 고상한 사람들이 여유 부리며 노니는 품위 있는 장소라 여기고 쉽게 다가가지 못하고 꺼리는 경향이 있지만, 사실은 누구나 와서 보기만 해도 고마워하고 반가워하는 순수하고 아름다운 작가들을 만날 수 있는 곳이 바로 이곳들이다.

인사동 근처에서 약속이 있거나 볼 일이 있을 때는 일보기 전후에 조금씩만 짬을 내서 이런 곳에 들러 작품을 감상하면 그렇게 기분이 좋을 수가 없다. 하루 중 가장 의미 있는 일을 했다는 생각이 들 것이다. 곁들여서 인사동의 이러저러한 풍물감상을 해도 좋다. 골동품은 소유할 필요가 없으며 슬슬 돌아다니며 구경만 해도 그럴싸하다. 비싼 그림을 사서 집안 걸어놓고 모시는 것보다 때때로 이곳저곳 전시회를 다니면서 맡겨 놓은 내 그림 보듯이 천천히 즐기는 것도 근사한 일이다.

그림이란 원래 보는 것이지 소유하는 것이 아니지 않는가?

각 지방엔 규모는 작지만 장인의 정신이 살아 숨 쉬는 독특한 사설 개인 박물관이 많다. 여행 삼아서 가보면 좋다. 개인들이 고집스럽게 사재를 털어가며 수집했던 것들을 전시하는 곳들이 전국 도처에 많다. 그런 곳들을 한군데 씩 찾아다니며 감상도 하고 박물관장과 차도 한 잔 하면서 그의 집념과 애정에 대해 들어 보는 것도 즐겁고 유익한 걸음이 될 것이다. 나이 들어서 부러워 하고 배워야 할 사람은 바로 이런 사람들 아니겠는가?

고판화 박물관—강원도 치악산 명주사에 있다.

장지방—경기도 가평에 있는 전통 한지 만드는 곳.

한길 외곬 장용훈 옹(74세)이 세 아들과 함께 백년가는 종이, 오래갈수록 질기고 부드러워지는 종이를 만든다.

영월군에는 박물관이 19곳이나 있다. 인구 4만 명의 영월군에 박물관이 19개나 있고, 앞으로도 계획 중인 6개가 개관하면 25 곳으로 늘어난다. 인구 1600명 당 1곳의 박물관, 말 그대로 박물 관 천국이다. 묵산미술박물관, 동강사진박물관, 단종역사관, 난 고김삿갓문학관, 영월책박물관, 국제현대미술관, 영월곤충박물 관, 별마로천문대, 영월서강미술관, 영월화석박물관, 호안다구 박물관, 쾌연재도박물관, 세계민속악기박물관, 아프리카미술박 물관, 영월종교미술박물관. 수없이 많다.

각 지역마다 박물관 하나쯤은 없는 곳이 없을 정도다. 인터넷 에서 검색해 보면 가까운 곳에서도 찾아 볼 수 있다.

사람이 산에 가니 신선이다

Revival

시간 날 때마다 근교의 산이나 옛 절이 있는 산을 찾아가 보자.

관악산, 청계산, 북한산, 도봉산은 서울 근교의 4대 명산이다. 사계절이 다 좋다. 예봉산, 운길산, 검단산은 팔당 근처에 있어 전철로 접근할 수도 있다.

우리나라처럼 가까운 곳에 좋은 산들이 즐비한 나라도 없다. 특히 대도시에서 차로 한 시간 내에 멋진 산들이 기다리고 있으니 참으로 행운이 아닐 수가 없다. 모든 게 도시집중화 현상을 보이는 가운데 산만은 전국 방방곡곡 어느 곳에 가도 좋은 산들이 즐비하다. 산도 움직일 수 있다면 서울로 벌써 이전해 왔겠지만 산만은 태어난 자리에서 요지부동이다.

산은 오랜 세월 말 없이 거기에 그렇게 있으면서 우리가 가서 기대고 쉬려고 할 때는 언제고 자신의 앞자락을 펼쳐놓고 쉬게 해 준다. 산행은 혼자 가도 되고 여럿이 가도 되고 아침에 가도 되고 오후에 가도 된다. 우리나라 산은 입장료가 없다.

주말에 거실 소파에 누워 하루 종일 먹어대며 멍청히 텔레비전만 끼고 있지 말고, 김밥 한 줄과 생수 한 병 사들고 훌쩍 가까운 산으로 향하라. 누구하고 갈까 궁리하다가 마땅한 사람 없다고 주저앉지 말고 혼자서라도 산에 가자.

왜 운동이든 영화 구경이든 혼자 할 줄을 모르는가?

혼자서 산에 다니는 것은 결코 처량한 게 아니다. 천천히 내 페이스대로, 느긋이 사계절의 경치를 즐겨가면서 산을 오르내리다 보면 건강한 산의 정기로 충만해지고, 이런 경험이 쌓이면 건강은 자연히 찾아온다. 여럿이 어울려 잔뜩 싸 가지고 산에 올라 대낮부터 술판 벌리고 하루 종일 해롱대면 그것은 오히려 건강을 해치는 노릇이다. 그런 산행은 친구들하고 오랜만에 산으로 놀러 간다고 생각하고 즐겁게 하루를 보내면 된다. 내 몸을 위한 운동은 원래 혼자 하는 것이다.

신선이 따로 없다. 사람(人)이 산(山)에 들어가면 그것이 바로 선(仙)이란다. 숲은 치유와 충만의 공간이다. 산에 가서 숲의 정기를 듬뿍 받으면 온몸이 정화가 된다.

등산을 하면 하체근육이 발달하고 단단해져서 건강하게 오래 사는 비결이라고 한다. 나이 먹을수록 하체 근력이 튼튼해야 한다. 배는 불룩하여 올챙이 같고 다리는 비쩍 말라 거미 다리 같다면 이미 건강은 거꾸로 가는 것이니, 틈틈이 자주 걷고 일주일에 한두 번씩은 가까운 산을 오르자. 건강의 적인 스트레스도 날리고 최고의 건강 체력인 하체단련의 지름길이 된다.

광장을 멀리하고
공원을 가까이 하자

서울에는 멋진 공원이 많다. 봄, 여름, 가을, 겨울 다 좋다. 한
강공원, 강과 산과 바람과 구름을 관조할 수 있는 곳이다. 한강
둔치를 걸어서 일주하면 운동도 되고 즐거운 소풍놀이를 할 수
가 있다. 둔치를 걸어서 하늘공원도 가보고, 서울 숲도 가보자.
남산공원을 천천히 산책하고 팔각정에서 서울 시내를 내려다보
며 아침을 시작해도 멋지다. 산책로를 일주하면서 하루 종일 남
산에 살아도 좋다. 심심하면 케이블카도 타보고.

경복궁, 덕수궁, 종묘, 창경궁, 창덕궁(비원). 모든 궁궐의 정원
을 마음만 먹으면 쉽게 내 것으로 삼을 수 있다. 들어가 보기만

하면 된다. 국립박물관, 국립현충원은 잘 꾸며진 작은 수목원과도 같다. 꽃과 나무와 쉼터와 정원. 봄날 흐드러지게 핀 벚꽃이 바람에 날려 꽃비를 뿌려대는 풍경은 그야말로 환상이다.

가을 단풍을 보려고 멀리 갈 것도 없다. 고궁의 오래된 나무의 단풍은 차원이 다른 격조와 멋을 풍긴다. 단풍은 조용한 곳에서 홀로 보아야 제 맛이 난다. 서울대공원과 숲 산책로, 올림픽공원, 여의도 공원, 상암 월드컵공원(난지 하늘공원), 북악스카이웨이와 북한산 산책로. 어느 것 하나도 나를 실망시키지 않고 매일 가도 질리는 법이 없다. 공원만 찾아서 투어를 해도 일 년 내내 즐겁게 지낼 수 있다.

산에 가기 힘들고, 멀리 가는 게 어려우면 이렇게 지하철로 데려다 주는 가까운 공원을 가자. 거기에는 내가 쉬고 즐기며 원기를 충전할 수 있는 모든 것이 다 갖추어져 있다. 피곤할 때도 가고, 마음이 울적할 때도 가고, 친구들하고도 가고, 부부끼리도 가고, 자식들하고도 가고, 언제 누구랑 가도 항상 즐겁게 보내고 올 수 있다. 덤으로 건강한 기운을 듬뿍 받아 올 수 있다. 한 주가 활기차다.

가지 말아야 할 곳은 사람이 많이 모이는 곳, 광장이다. 그 중 대표적인 곳이 서울광장이다. 꽃과 나무와 풀은 많으면 많을수록 사람에게 기운을 넣어주고 건강에 보탬이 되지만, 사람들이 많이 꼬이는 곳은 가면 갈수록 기만 뺏기고 온다. 실험해 보라.

산과 고궁을 가서 정기를 받고 올 때와 사람 많이 모이는 광장이나 왁자지껄한 모임을 다녀올 때가 어떻게 다른가를. 한 곳은 파릇파릇해져서 돌아오고 한 곳은 축 처져서 돌아온다.

건강을 위하여 집을 산다면 꼭 한강이 가까운 곳이나 큰 공원이 이웃해 있는 곳을 선택하라고 권하고 싶다. 사는 동안 언제나 내 정원처럼 들락날락하며 즐길 수 있을 뿐 아니라 그런 곳은 앞으로 돈을 줘도 사지 못하는 명품 주거지가 될 것이다.

자연을 사랑하는 것은 우리의 건조한 감성을 되살리고 삶의 기쁨을 일깨우는 가장 확실한 각성제 역할을 한다.

수목원은 자연을 벗하고 꽃과 나무를 키우는 사람들에게 종합 학술원 같은 곳이다. 수목원에 가면 내가 배우며 즐길 수 있는 것이 많다. 쉬면서 즐기면서 배울 수 있는 곳이다.

전국의 수목원은 61개라 한다. 미등록이지만 일정 규모를 갖춘 곳을 포함하면 100개 가까이 될 것이라고 산림청은 추정한다. 해마다 5월이 되면 수목원을 가보자. 5월은 신록의 계절이다. 온갖 정성을 들인 수목원은 사계절 언제라도 아름답지만 싱그러운 신록의 봄, 초록으로 가득히 움터 나오는 5월의 수목원은 특히 환상적이다.

경기도의 광릉 국립수목원은 그 역사가 543년이나 되는 유일의 국립수목원이다. 미국이나 유럽에는 아주 오래된 수목원이 많아 항상 그곳에 갈 때마다 부러웠는데 최근 일이십 년 사이에 우리나라에서도 지자체나 뜻있는 개인이 설립해 운영하고 있는 수목원도 꽤 많아졌다. 대표적인 곳이 경기도 축령산 기슭에 있는 '아침고요수목원'이다.

바람처럼 구름처럼 떠나는 여행

Revival

주말이나 모처럼의 휴가를 맞아 어딘가를 가려고 해도 갈 곳이 마땅치 않다. 어디를 가야 좋을지 몰라서 그냥 남들 다 간다는 바닷가나 유원지, 큰 사찰이 있는 먼 산이나 명승계곡을 찾지만, 대부분 오며가며 차에 치이고 사람에 치여 파김치가 되어 돌아온다. 휴가가 아니라 전쟁터에 다녀온 것 같다. 이게 다 평소에 놀러 다녀 보지 않아서 그런 것이고, 계획을 세우고 정보를 수집하지 않아서 자초한 고생들이다. 그건 생각해 보면 여행도 아니었다. 돈 내버리고 시간 축내며 그야말로 사서 고생한 길이었다.

부활의 시기에는 꼼꼼히 계획을 짜서 충분한 시간을 갖고 느긋하게 여행을 할 수 있다. 짧은 시간에 이곳저곳, 이것저것 많이 보고 많이 돌아다니는, 꽉 찬 스케줄을 따라 쫓기듯이 다니는 그런 여행은 하지 말아야 한다. 이런 식이니 해외여행도 돈만 더 들 뿐 헤매다 오는 것은 마찬가지다.

이제부터는 여유만만 바람피우듯이 느긋하게 떠날 준비를 하자.

＊한국의 여행; 전국의 해안 일주, 사찰 탐방 여행, 정자와 서원, 섬 여행, 동굴탐사 여행, 전국의 올레길 여행, 수목원 탐방, 명승 고적지 탐방, 시골장터, 산과 바닷가.

＊해외여행; 해외 오지 탐방, 네팔 등 명산순례, 일본열도 기행, 스페인 도보 여행, 아메리카 대륙횡단, 아프리카 자연생태 방문, 중남미 여행, 북유럽기행, 중국 옛 역사 탐방, 중앙아시아 실크로드 기행, 유라시아 기차여행, 중국횡단열차 탑승.

＊기차여행; 책을 보다가, 바깥경치를 물끄러미 내다보다가, 때로는 명상에 잠기는 여유작작함. 그리고 잠깐씩 졸기도 한다. 식당 칸에 앉아서 맥주 한 잔 하며 천천히, 아주 천천히 식사를 한다. 안전하고 편안하기는 최고다. 천천히 가는 완행열차가 경치

구경에는 더 좋다. 급할 게 없는데도 KTX 타고 후다닥 다녀오는 것은 여행의 맛을 모르게 한다. 눈에 들어올 만하면 휙 지나간다.

*도보여행; 가까운 거리라면 내 발로 직접 걸어본다. 항상 다니던 곳이지만 새롭다. 한강 둔치. 이촌동에서 서울숲까지 7km 등 몇 군데를 나누어서 하루에 한 곳씩. 전혀 새로운 맛 남산 순환도로. 남한산성 일주. 과천 대공원 뒤편 삼림욕장 일주. 등산 겸 바람도 쐬고 제주도 올레길 등 여기저기 시골길, 대관령 옛길 등 새 길이 나면서 통행이 드물고 호젓하게 된 길이 전국 각지 여기저기 많다. 내가 다녀본 길이지만 이곳 말고도 전국에 다닐 만한 곳이 얼마나 많겠는가?

찾아보면 곳곳이 길이고 처처가 절경이다.

*자동차여행; 맘 맞는 친구들과 목적지도 정하지 않고 날짜도 정해놓지 않고 그저 정처 없이 이곳저곳을 천천히 차를 몰고 현대판 유랑을 다닌다. 여유만만하게, 시골까지도 다 아스팔트 도로가 뚫려 있으니 차로 못 갈 곳이 없다. 차가 어려우면 그곳부터는 차를 세워놓고 걸어가면 된다. 차 안에 등산화와 가벼운 등산복을 비치하고 있으면 언제고 갈 수가 있다. 가다가 경치 좋고 인심 좋은 곳에서 머물기도 하고, 값싸고 맛있는 시골 음식을 시원한 막걸리 한 잔을 곁들여 먹으면 세상에 부러울 것이 없다.

*사찰탐방; 우리나라 깊은 산속에 자리한 이름 덜 알려지고 사람 덜 꼬이는 암자를 찾아 다니면 그 자체가 수행이고 즐거움이다. 전국 각지에 있는 절들은 그 자체로써 한 그루의 오래된 나무와 같다. 그곳에서는 영기를 느끼고 명상의 맘이 우러난다. 겨울 눈 쌓인 조그만 절이면 더욱 장관이다.

조계종에 의하면 우리나라 전통사찰은 2008년 현재 2501개가 있다고 한다. 그 중 입장료를 받는 절은 73개다. 큰 절은 새벽녘 사람 없을 때 가면 더욱 좋고 작은 절이나 암자는 어느 때고 좋다.

*섬 여행; 섬에 가면 무엇인가 있다. 낚시도 하고 조용히 쉬기도 하고 육지에서 못 느끼는 갯냄새가 풍긴다. 바다를 바라보면서 산과는 또 다른 맛과 정취를 온몸 가득히 적셔올 수 있다. 어쩌면 원시의 냄새 비릿한 작은 항구에서 모태의 숨결을 느낄 수 있는지도 모른다. 거문도, 외도, 거제도, 가거도, 청산도, 강화도, 원산도 등등 가볼 곳이 참으로 많다. 주로 서해안과 남해에 많이 있는데 크게 고생하지 않고 갈 수 있는 섬들만도 수십 군데가 된다.

여행사 따라 다니는 여행은 값싸고 갈 데도 많다. 심심하지도 않고. 단 다른 이들에게 눈치 안 보이게 행동하는 것이 요령.

비행기는 그저 빠른 여행수단일 뿐 그 자체로서는 아무런 즐거움이 없다. 기차를 탄다든가 자동차를 타면 그것만으로도 즐거운 일이지만 비행기는 옴짝달싹도 못하고 타고 가는 그 시간이 고문이 될 수도 있다. 그러나 하늘 높이 올라서 아래를 내려다보면 기상천외한 광경을 보기도 한다. 구름 위를 나는 것도 그렇고, 망망대해나 대륙을 가로지르며 밑을 내려다보면 황홀한 경치가 펼쳐지기도 한다. 무조건 꾸역꾸역 주는 밥이나 먹고 잠이나 자지 말고 창을 열고 하늘을 보자. 언제 우리가 구름 위를 본 적이 있던가. 깜깜한 밤의 반짝이는 별, 아침에 떠오르는 해와 저녁에 지는 해가 선사하는 붉게 물든 하늘 구름은 잊지 못할 아름다운 경관이다.

어슬렁 투어

Revival

−골목길, 동네시장, 오래된 맛집 탐방

지역마다 역사와 문화가 살아 숨쉬는 그런 곳들이 많다.

좁은 골목, 낙원동 피맛골 등 옛 거리와 만리·공덕·아현 등 오래된 서민들의 주택가, 가회·삼청 등 북촌거리, 구기동·평창동 등 옛 동네……. 어슬렁거릴 곳이 수도 없이 많다.

부산에는 유난히 골목이 많고 산복도로가 많다. 바닷가 언덕에 집들이 빼곡히 차 있기 때문이다. 바다가 골목까지 가까이 와 있다. 그리고 동네의 사람들도 만날 수가 없다.

강북 동네에 가면 옛 동네의 모습과 그리고 정겨운 맛이 다 보인다. 가게, 기와집, 사람들, 골목, 만만하고 편안한 뒷골목 풍경이 거기 있다. 그곳에 가면 잃었던 생기가 되살아나는 느낌이다. 힘 부치고, 어깨 처져 있을 때 옛날 살던 그 동네 그 골목에 가서 생기를 받아 보자.

사람 냄새 그리울 때는 가까운 옛날 동네, 묵은 동네에 가보자. 세월과 사람 사는 세상이 그리울 때 골목길을 걸어보자. 건강을 위하고 자연을 벗하려 올레길·둘레길을 걷듯이 우리의 지나간 세월의 흔적을 찾아보고 사람 사는 냄새를 맡으며 골목길을 걸어보자.

청계천 뒷골목, 종로 뒷길, 먹자골목. 옛길을 더듬어보는 것, 이것 또한 사람 사는 즐거움이다

도시에는 이것 말고도 숨어 있는 오아시스, 문화아지트도 있다.

클래식전문매장, 풍월당, 예술인문서점, 이음아트, 복합미디어 공간, 아이공.' 서울아트시네마. aA디자인뮤지엄. 아트포라이프(ART FOR LIFE). 우리가 모르고 있는 곳이 여기저기 많다. 자기가 사는 곳에서부터 구석구석 탐방해보자.

우리 이웃에 있는 오래된 재래시장과 맛있는 맛집을 찾아다니는 것은 서민들이 즐길 수 있는 손 쉬운 향락이다. 싼 물건들이 많이 있고, 맛있는 음식이 있고, 사람들이 있는 살아 있는 삶의 현장을 기웃거리는 여유가 좋다.

황학동 중앙시장은 여러 가지 중고품들을 보고 고르는 재미가 쏠쏠하다. 남대문시장, 중부시장, 동대문 새벽시장. 없는 물건이 없고 사람 구경, 물건 구경만 해도 재미가 크다. 시장 통에서 싸고 맛있는 음식도 사먹을 수가 있다.

시골 장은 아직도 지방의 문화와 정취가 넘쳐난다. 성남 모란시장, 4 또는 9가 들어 있는 날에 연다. 지방마다 5일장이 열리는데 다 다니려면 1년도 넘게 걸린다. 시장에 가면 거기에 사람이 있고 그들의 삶이 있다. 그곳에서 그들은 그들의 삶을 펼쳐놓고 팔고 있다. 시장에 다녀오면 내 몸 가득 활기가 새로 차오른다. 구석구석 다녀보자. 신통한 체험을 할 수 있다.

백화점에는 물건만 보이지만 시장엔 사람이 있고 삶이 보인다.

맛집을 찾아다니자. '어디 갈까?' 해도 '아무데나' 고, '뭐 먹을까?' 해도 '아무거나' 다. 출근하듯이 매일 똑같은 음식점에 똑같은 메뉴다. 먹는 거는 그저 한 끼 때우는 것이라는 생각에서 '아무거나' 를 말한다. 뱃속으로 들어가면 다 똑같아질 것을 굳이 찾아다니며 먹을 필요가 없다고들 한다. 그건 사는 것도 '아무렇게나' 사는 사람들이 하는 말이다.

생각해 보라. 산다는 것은 하루 세끼 먹는 것에서 시작된다. 그 세끼를 잘 먹고 즐겁게 맛있는 것을 먹으며 보낸다면 그 삶이 '아무거나' 먹고 사는 사람과 같을 것인가? 달라도 한참 다를 것이다. 아무 곳에나 가서 아무 거나 먹고 살면 내 인생도 그렇게 아무런 인생이 되지 않겠는가?

같은 돈 내고 먹을 거라면 이왕이면 맛 좋고 기분 좋은 곳이 왜 나쁠까? 먹는 것은 삶의 중요한 일부분이고 오래된 맛집을 찾아다니는 것은 즐거운 여행이다. 즐겨 찾는 맛있는 음식점을 정해두자. 맛집을 찾아다니는 것도 '작은 여행'이다. 인터넷에서 오래된 맛집을 찾아보면 죽 나와 있다. 수첩에 적어놓아야 할 것 중 하나가 맛집 정보다. 기왕이면 다홍치마고 이왕 먹을 거라면 맛 좋은 집이다.

새벽에 즐기는
강변 드라이브

동트기 전, 여명을 마주하면서 달리면 그 자체로 환상이다. 조금만 일찍 일어나서 바깥으로 나서면 꽃 좋고 한가로운 곳들이 도처에서 반갑게 맞이한다. 햇볕이 좋은 낮에 한가로이 꽃비를 맞으며 걸으면 삶이 푸르러진다. 봄꽃 필 때, 가을 낙엽 질 때 나들이 간다. 전철을 타고, 기차를 타고, 자동차를 몰고 드라이브를 하면 음유(吟遊)시인이 따로 없다.

청평 3거리 직전에서 우회전하여 쭉 직진하면 계속 오른 쪽으로 펼쳐진 북한강을 끼고 남이섬까지 갈 수 있다. 약 40분 정도. 중간에 왼쪽으로 오르면 호명산, 양수발전소 내에 호명호수도 있다. 등산 겸 걸어도 좋다. 한강을 내려다보면서 한적한 길을 드라이브하는 기분은 정말 최고다.

이 코스를 일컬어 환상의 드라이브코스라고 한다.

전국 곳곳에 걸어도 좋고 차로 다녀도 좋을 환상의 코스가 널려 있다. 맘만 먹고 훌쩍 떠나기만 하면 된다.

평소에 이런 '환상의 코스'를 '메모' 해 두었다가 불현듯 어딘가 떠나고 싶을 때 망설임 없이 그 중에서 하나를 골라 훌쩍 떠나면 된다. 뭐 먹을까? 어디 갈까? 마땅하게 떠오르는 것이 없어 그냥 도로 주저앉거나 남들이 다 가는 북적대는 곳에 머리 디밀고 고생만하다가 돌아와서는 다시 피곤에 절어 퍼지지 말자.

각 지자체 문화관광과에 문의하면 친절하게 다 알려준다.

맛집도, 볼거리도, 환상의 드라이브 코스도, 호젓한 둘레길도, 올레길도.

여자의 영역을 넘보는 재미, 요리

Revival

여자의 영역엔 무엇이 있을까? 슬금슬금 넘보면 얻을게 많다.

남자들도 밥을 짓고 반찬을 만들어서 나쁠 것 없다. 시간도 잘 가고, 요리 그거 잘 맛들이면 예술이다.

BBC방송이나 NHK에서 남자가 강의하는 요리 프로를 볼 때면 나도 하고 싶은 생각이 들 때가 많다. 바케츠 통에다가 연기를 피워서 생선을 훈제하는 것이라든지, 부엌만이 아닌 야외나 바비큐장에서 할 수 있는 재미있는 요리는 남자들이 하면 멋도, 맛도, 기분도, 분위기도 다 좋다. 여자들이 남자의 영역을 빼앗았듯이 이제는 남자들도 여자들이 자기들만이 즐겨왔던 그런 분야에 살짝 들어가 볼 때가 되었다.

왜 부엌은 여자들만의 공간이어야 하는가? 다만 이를 위해선 기본기 정도는 갖출 필요가 있다. 요리학원을 다니자. 요리도 배우고 맛있는 것도 해먹고 시간도 재미있게 보낼 수 있는 곳이다. 앞으론 이게 대 유행이 될 가능성이 높다. 생각만 잘 해보면 세상에 널려 있는 것이 재미난 것들이다.

나이 먹고 제 밥도 제 손으로 못 차려 먹기 때문에 자식들과 며느리나 마누라에게 구박받고 산다. 앉아서 밥상 받는 것이 무슨 큰 벼슬이고 권위의 상징인 것처럼 생각하는데, 그건 구시대적인 착각이고 바보 중에도 이런 미련한 바보가 없다. 요리학원을 다니고 요리도 하자.

지휘자 정명훈은 요리하고 음악 외에는 하고 싶은 것이 없다고 한다. 자기 부인이 요리를 하는 것은 자기 생일하고 성탄절밖에 없단다. 요리를 할 수 있는 자격증을 따고 부엌에 들어갈 수 있는 권한을 넘겨받자. 요리에 취미를 붙이자. 내 입과 내 몸에 맞는 요리를 만들어 먹는 기술 익히기, 간단하고도 소박하며 값싸고 소화에도 좋고 맛도 있는, 그런 나만의 비밀요리를 하나씩 개발하자.

남자가 뜨개질을 하면 어디가 잘못되는가? 남자가 전업주부를 하는 시대인데 집안에 있으면서 뜨개질을 한들 무슨 흠이 되겠는가? 치매예방에 좋고, 만들어 선물하니 좋고, 내 패션을 위해서도 좋고, 올드맨들에겐 따뜻함을 주니 더욱 좋고…….

　남자가 나이를 먹으면 여성 호르몬 분비가 많아져서 약간은 여성적이 된다고 한다. 반대로 여성은 자꾸 밖으로 나가려고 하는 남성적인 성향을 보이기도 한다. 이런 기회에 아예 역할 교대를 하고 살아보는 것도 좋지 않을까? 어쩌면 이렇게 사는 것이 인생을 두 가지 색깔로 사는 길이 될 수도 있지 않겠는가.

　남자들이 나이 들고 나서 마누라에게 구박받는 것이 결국은 제 손으로 밥을 해 먹지 못하기 때문이다. 아니 못해서라기보다는 수치로 생각하고 안하기 때문이다. 노인문제 전문가들은 남자가 요리를 해야 나이 들어서도 삶의 질이 유지된다고 주장한다. 복지관에서 밥 타려고 줄 서고 있는 사람은 거의가 남자들이라고 한다. 자기 먹을 것을 스스로 하지 못하고 혼자서는 밥을 먹지 못하는 불구자 같은 생활습관을 버리려면, 우선 밥상 받는 습관부터 버리고 요리를 배우려는 조그마한 노력부터 시작하고 볼 일이다.

　요리를 하고 내 손으로 내가 만든 음식을 먹기 시작하면 내 인생의 폭과 깊이 또한 커지기 시작하는 것이다. 삶의 진실은 크고 먼 데 있는 것이 아니다. 생존에 있어서 가장 중요한 먹는 문제부터 가까이 하는 것이다. 이 중요한 것을 남의 일처럼 멀리하고 살았으니 뭔가 잃어버리고 살아온 것 아니겠는가.

《아버지의 부엌》은 1984년에 일본에서 처음 발간된 책 이름이다. 50대의 딸이 엄마를 잃고 나서 아버지의 홀로서기를 위해 단단히 훈련시키는 내용의 책이다. 남편 잃은 아내는 혼자 살아갈수 있지만 아내 잃은 남편은 뭐 하나 제대로 할 수 있는 게 없다. 예전 같으면 남은 가족들이 모시고 살겠지만 앞으론 갈수록 그렇게 되기 쉽지 않을 것이다.

나이 들어 홀로 끼니를 해결하기 위해서라도 혼자 사는 연습을 해야 한다는 것은 서럽고 안타까운 일이지만 어쩔 수가 없다. 아니 어쩔 수가 없는 게 아니라 또 하나의 기회가 온 것이라고 생각하고 즐겁게 받아들이는 것이 좋을 것이다.

어찌 보면 대수롭지 않은 식사 한 번이 우리를 크게 변화 시킬수 있다.

책,
지혜의 숲에서 놀자

Revival

책 읽는 습관을 가지면 나이 들어서도 결코 무료하지 않다. 지극한 즐거움 중 책 읽는 것에 비할 것이 없다고 그 옛날 명심보감도 말하고 있다. 책의 저자와 사귀자. 언제나 손만 내밀면 다가온다. 책장에 숨어 있다. 술과 객기로 몸과 맘을 다치지 말고, 세상 모든 것의 해답이 책 속에 다 있다.

읽고 싶었던 책을 읽는 것은 삶을 풍요롭게 하는 사색이며, 맘에 드는 사람들과 함께 즐기는 놀이다. 그런 책들이 한방 그득히, 내가 불러주기를 기다리고 있다. 언제고 내가 놀자고 부르면 책의 저자는 오래된 친구처럼 기꺼이 내 곁으로 다가와 속삭여 준다. 이런 때 읽는 추억의 명작소설과 추리소설, 연애소설을 읽다 보면 그 속에 푹 빠져서 세월 가는 줄 모르고 스스로 자유롭다. 아무도 부럽지 않고 아무것도 두렵지 않다. 소설 읽는 것도 생을 풍요롭게 하는 여행이다.

우리는 어려서부터 책이란 고상한 것이고 지식을 얻는 도구라는 진지함에 빠져서, 책이 즐거운 오락의 도구라는 사실은 모르고 살아왔다. 책이 주는 재미는 무궁무진하다. 책을 읽으면 누구나 그 즉시 새로운 여행을 시작하게 된다. 몸은 여기에 있으나 마음과 머리는 과거 수천 년, 수만 년 전으로 돌아가거나 미래의 우주 광장에서 놀고 있다. 책 속에서 전율을 느끼며 몰입할 때 감정의 엑스터시와 클라이막스를 맛볼 수 있다.

책은 정보와 지식을 전달하는 수단이기도 하지만 사람의 정서를 높이고 정신을 치유하는 피톤치드의 역할을 한다. 책을 가까이 하는 것은 남들이 모르는 비밀의 통로를 하나 개척해 놓은 것과 같다. 틈만 나면 그 곳에 가고, 어려움이 닥치면 그 곳에서 해결책을 얻어 오고, 몸이 지치고 힘들면 그 속에서 헤엄치며 치유를 할 수 있다. 내가 책을 손에 드는 순간부터 새로운 세상이 내 손 안에 펼쳐지는 것이다.

책은 정보와 지식을 주는 창고이면서 동시에 삶의 긴 호흡과

너른 시야를 만들어 준다. 책이야말로 가장 경제적이고 가장 쉽게 다가갈 수 있는 나의 놀이이기도 하다. 이 좋은 것을 모르고 인생을 마감한다면 그는 인생을 절반도 못살고 가는 것과 같다.

나에게 주어진 수많은 기쁨을 나는 모르고 지냈다. 그것을 깨닫는 순간 그것은 하나의 복음이었다. 책 읽는 즐거움, 공부하는 즐거움, 새 것을 배우는 즐거움…….

"좋은 직업과 높은 지위에 오르신 분들을 많이 만납니다. 그런데 절망합니다. 어쩌면 이렇게 감성이 부족할까? 어쩌면 이렇게 말이 안 통할까? 하는 것이죠. 솔직히 열에 여덟, 아홉이 그렇습니다. 장담하는데 책을 안 읽어서 그렇습니다."

어느 젊은 영화감독이 신문 인터뷰에서 내뱉은 말이다.

책방에서 책 쇼핑하는 즐거움, 싱그럽고 설렌다. 책방을 어슬렁거리는 것만으로도 머리에 샤워를 한 것 같다.

동대문을 비롯하여 전국의 헌책방, 광화문 교보문고 등 현대식 대형 책방. 그곳에 가서 책으로 샤워만 해도 기분이 뿌듯하다. 그곳을 나의 단골 싸롱으로 삼아 자주 갈수록 좋다. 물론 가끔은 북 카페에 가서 차를 마시며 이것저것 손쉽게 뽑아서 읽어도 좋다. 책방 다니는 것은 돈도 안 들고 우아한 즐거움을 준다. 책방도 공원이다. 헌책방 순례는 또 다른 문화체험이다.

하루 종일 뒹굴며 책을 읽는 것은 최고의 여행이다. 언제까지 읽어야 하는 부담도 없고, 읽은 것을 외우거나 발표할 일도 없으니 그야말로 맘 내키는 대로 눈 가는 대로 책 속에서 뒹구는 재미는 자유의 시간에 얻을 수 있는 최고의 선물이다.

부활의 시기에 책을 가까이 하면 제3의 친구를 사귀게 되는 기쁨을 얻게 된다. 취미나 건강에 관한 책, 또는 역사와 문화에 관련된 책, 재미있는 소설, 때로는 10권, 20권이 넘는 대하소설에 푹 빠져보는, 읽고 싶은 책을 꺼내서 맘대로 멋대로 읽는 것도 이때라서 가능한 일이다.

"모든 의무로부터 해방된 상태에서 차례로 신간을 사들여서는 아침부터 책을 읽는다. 그런 정년 후의 인생이 지금부터 기다려진다." 어떤 일본작가는 이렇게 퇴직 후를 기다린다고 한다.

책을 끼고 뒹굴 수 있다니 이보다 더 즐거운 일이 어디 있을까? 책은 어떤 것이든지 내가 읽어서 재미있으면 되는 것이다. 의무로서의 책읽기가 아니라 재미로서 즐기는 책읽기는 누구나 할 수 있는 것이다. 책은 흥미 없는 것이라고 말하는 것은 한 번도 재미있는 책을 읽지 않았기 때문이다.

재미있는 책은 책방에 가면 운동장만큼 진열되어 있다. 꼭 사서 볼 필요도, 읽은 책을 반드시 보관할 필요도 없다. 인근에 구립도서관이나 시립도서관에만 가도 내가 읽을 만한 책들은 넘치도록 가득하다.

　국립도서관 또는 구립도서관에 가서 하루 종일 책을 보아도 누가 뭐라고 할 사람 없다. 책 많고, 환경 좋고, 얼마든지 책 읽으면서 놀 수 있는 곳이다. 교보문고 영풍문고 등 대형 책방에 가도 책의 숲 속에서 거닐다 올 수 있다. 대형 건물이나 큰 백화점에도 멋진 책방들이 있다. 보기만 해도 머리가 샤워한 것처럼 시원하고 읽지 않아도 배가 부르다.

　어슬렁거리는 것 중에서 가장 추천할만한 곳이 책방이다. 이곳은 남녀노소 가리지 않고 누구나 자유롭게 눈치 볼 것 없이 거닐고 즐길 수 있는 곳이다. 책도 보고, 차도 마시고, 간단한 식사도 할 수 있고……. 맘에 드는 책을 사서 집에 가서 읽을 생각을 하면 돌아오는 길이 그렇게 가벼울 수가 없다.

　때로는 동대문의 고서점을 순례하는 것도 재미있다. 가끔은 평소에 사지 못했던 비싼 책을 싸게 사는 횡재를 할 수도 있는 곳이다. 값이 싸다고 덮어놓고 사다 보면 때로는 '괜히 샀구나' 하는 경우도 있지만 아무리 헛돈 쓴 것이라고 해도 책 사는 데 잘못 쓴 돈은 헛돈치고는 제일 괜찮은 낭비가 될 것이다.

　내가 좋아하는 분야의 책, 읽기 쉬운 책, 읽으면 기분이 좋은 책 등등 생활에 보탬이 되는 책을 읽자. 연애소설, 역사소설, 일이 바빠서 엄두도 못 냈던 대하소설, 취미 관련된 책, 음악, 미술, 스포츠 등에 관련된 책, 그런 책을 읽는 것은 천국을 산책하는 것과 같다.

허세를 부리기 위해, 우쭐한 기분에 책을 읽는 것은 내 인생의 낭비고, 허세 중에서도 가장 우스꽝스런 허세다. 실험적 소설, 신춘문예 소설을 읽을 때 우리는 무엇을 느끼는가? 뭔가 철학적이고 사변적이고 글이 어렵고 머리가 띵하고 비정상적인 듯하고……. 그래도 한 번 읽어보자고 맘 먹고 읽는데 끝까지 읽어본 기억이 없다. 문학을 전공하는 사람들을 제외하고는 다 그렇다고 생각한다.

꼭 신간을 사서 볼 필요도 없다. 발간된 지 오래된 책을 헌책방에서 사서 구해서 읽어도 좋다. 사실은 도서관에 가서 읽거나 빌려와서 읽는 것도 가장 훌륭한 책 읽기의 방법 중 하나일 것이다.

책 읽으러 공원으로 갈까, 미술관으로 갈까? 전망 좋고 분위기 있는 도서관에 가서 책 읽으면서 세상을 들여다보는 것, 이 또한 얼마나 여유롭고 평화로운가? 독서야말로 가장 좋은 취미활동이다. 우리가 잊고 있지만 소설읽기는 인생을 몇 배로 키우는 가장 재미있는 세상읽기이다. 만화읽기도 새로운 독서이며 정보와 재미가 가득하다.

업무에 직접 연관이 없는 전문서적과 관심분야의 책을 읽는다. 시 읽기, 스포츠 관련 책, 건강 관련 책, 음식에 관한 책,

차 · 커피, 와인에 관한 책 등. 책 속에 세상이 다 담겨 있다.

알고 보면 우리 가까이에 공원 같은 도서관이 꽤 있다. 자연사랑도서관, 세미원 안에 위치한 양평 석창원, 양수리 두물머리. 분당 책 테마파크 '공간의 책', 미술관 옆 도서관 '수원 슬기샘 도서관', 광진 정보도서관, 부산 영도 등대 해양도서관, 경기 양평 군립도서관 등이 그런 곳들이다.

옛사람은 말한다.

산의 삶이 비록 좋아도 얽매이는 마음이 있으면
시장이나 진배없고,
서화를 즐김이 우아한 일이지만 탐내는 마음이 있으면
장사치나 다름없다.
술 마셔서 취함이 즐거운 일이지만 남 하는 대로 하면
감옥이나 한가지요,
친구와 노님이 유쾌한 일이라도 속류와 사귄다면
고처가 따로 없다.
오직 독서만이 이롭고 해가 없다.
문 닫아 걸고 마음에 맞는 책 뒤적이기,
문 열고 마음에 맞는 친구 맞이하기.
문을 나서 마음에 맞는 경치 찾아가기,

이것이 인간의 세 가지 즐거움이다.

─신음의 〈야언〉

운동장으로 소풍 간다

Revival

　야구장, 축구장, 농구장 등 사람들의 열기가 가득 찬 운동장에 가보라. 새로운 기를 충전 받아 올 수 있고 그곳에서는 아무런 걱정도 없다. 그런 곳이 아니라도 좋다. 비인기종목이라도, 관중도 없는 설렁한 경기장이라도 좋다. 더욱 더 가깝게 선수들의 가쁜 숨소리를 느끼고 힘과 열정을 보게 된다. 복싱경기장, 육상경기장, 빙상경기장, 체조경기장, 하키경기장 등 어느 종목이든, 어느 게임이든, 장소가 어디든 다 좋다.

　상암 월드컵경기장에서 국가 대항전이 열릴 때 울려 퍼지는 함성을 들으면 기가 솟아오름을 느낄 수 있다. 그런 기로 샤워를 하고 오자. 잠실야구장에서 프로경기의 활기를 본다. 치어리더의 상쾌 발랄함은 생동감을 선사해준다. 잠실 스케이트장에서 어린 학생들과 남녀 젊은이들의 즐거운 모습을 보는 것만으로도 즐겁다.

농구 경기장에서는 실내에서 벌어지는 후끈한 열기를 온몸으로 느껴보자. 느긋하게 둘 다 이겨라 응원도 하면서.

여자 프로 배구 선수들의 도약과 강 스파이크에서 뿜어져 나오는 생기발랄함이란 차마 혼자 보기 아쉬운 그런 싱그러움이다. 날고 때리고 받아내고 엎어지고 소리 지르는 현장감. 슬로우 비디오 보듯이 보는 것이 여유롭다. 아이스하키장에서 내뿜는 선수들의 거친 호흡과 스틱과 몸이 부딪치는 활극을 본다. 여름이 시원하다.

일 년 내내 여기저기서 이런저런 운동경기가 펼쳐진다. 관람할 수 있는 것 중에서 가장 입장료가 싸고, 가장 활기를 느끼는 곳, 운동 경기장에 가자. 그곳에서 기를 받고 오자.

그리고 은퇴경기는 암표를 사서라도 가서 보자. 한 선수가 평생 동안 땀 흘리며 치고 달리던 운동장에서 마지막 경기를 하고 팬들의 환호 속에서 퇴장하는 은퇴식. 그 아름답고 장엄한 인간 드라마의 실황이 거기에 펼쳐진다. 평생 한 번뿐인 멋진 드라마를 보는 것이다. 재방송도 없는 유일한 현장의 증인이 되는 것이다.

2010년 9월 19일 양준혁 선수가 대구 구장에서 은퇴경기를 했다. 한 선수의 은퇴식을 보려고 그 전날부터 텐트치고 운동장 앞에서 진을 치고 있고, 암표가 10배 정도로 뛰었다. 유명 인사들이 고급호텔에서 우아하게 초청장을 발행하여 손님을 맞고 입에 발린 축사의 잔치를 하는 것과는 격이 다르고 그 뜻이 다르다. 그렇게 운동장을 다녀오면 아팠던 몸도 지쳤던 마음도 다시 살아온다. 가 보라. 장담할 수 있다. 운동장은 종합병원이고 선수들이 의사다.

나만의 술을 빚자

Revival

전통주 담그는 취미도 좋다. 소곡주, 삼일주 등 전통방식으로 내리는 소주도 좋고, 용수 박아서 걸러내어 벗이 왔을 때 한 잔씩 마시는 취향(醉香)을 즐긴다.

과일주든 곡주든 또는 몸에 좋다는 약재를 넣어서 만들든, 나만의 명주를 만들어 보자. 친구들을 불러 달밤에 한 잔씩 하며 즐긴다면 그들 중에는 두보(杜甫)가 환생할지도 모를 일이고, 내가 개발한 오늘 먹는 이 술이 훗날 명주로 전해져서 후손들이 대를 이어 빚어 마신다면 얼마나 즐거운 일이겠는가?

자식 낳았을 때 기념으로 '술' 한 단지 담았다가 혼인시킬 때

개봉하여 사돈과 서로 한 잔씩 한다면 그 어떤 술에 비할 수가 있을까? 딸이 시집갈 때 '혼수'로 한 병 잘 포장하여 보내면 얼마나 우아한 선물이 될 것인가?

늦었다 생각 말고 무엇이든 기념될 만한 날을 정해놓고, 그날을 위한 술을 빚어 세월에 숙성시키자. 30년, 50년 서양 양주가 이것에 견줄 수 있을까? 그야말로 나의 브랜드, 우리 집의 가양주, 전통주가 바로 이것이다. 명문가가 따로 없다. 여유로운 시간에 할 수 있는 일들이 바로 이런 것, 시간을 두고 천천히 하는 것들이다.

공부, 내가 좋아서 하는 놀이

Revival

  회사 현역의 다음에는 생애 현역의 공부를 계속하는 한 언제나 청춘이다. 일생 공부(一生工夫), 일생 청춘(一生靑春)이다. 인생의 진부화를 막는 것은 공부를 계속하는 것이다. 공부는 새로운 세상을 접하는 지름길이다. 자유롭게 하고 싶은 것을 찾아 하는 공부는 재미 중에서 가장 으뜸가는 것이다. 내가 좋아서 하는 공부는 놀이다. 취미 중에서도 공부가 최고다. 그 지긋지긋하던 공부가 좋은 이유는 내가 좋아하는 것을 배우기 때문이다. 부활의 시기에 학력은 필요 없다. 학력은 자산이 아니다.

  하지 않으면 안 되었던 그런 공부에서 벗어나, 정말 내가 하고 싶고 알고 싶은 그런 것을 배우는 것, 이것이야말로 이 시기에 갖는 가장 큰 즐거움 중의 하나이다. 대학원에 등록하여 꼭 무슨 학문을 연마하는 것만이 공부가 아니다. 유용하고 즐거운 그런 것들을 배우는 것, 그것이 공부다. 그것들은 대학교에만 있는 게 아니고 문화센터에도, 학원에도, 길거리에도, 우리 이웃에도 있다.

무엇이든 배움을 정해서 심취해 보자. 이 시간보다 더 좋은 배움의 시간이 어디 있을까?

책과 모든 형태의 배움을 사랑하라. 새로운 무언가를 배우는 것은 우리의 시야를 확장시키고 삶에 대한 새로운 시각을 갖게 한다. 배움은 우리를 젊어지게 하고 성장과 변화를 돕는다. 배움은 영감을 불어넣어 줄 뿐만 아니라 자주 실질적 열매를 주기도 한다.

사랑하는 것을 배우기 위해 시간을 투자하는 것을 두려워하지 말라. 배움은 우리의 뇌세포를 새롭고 탄력 있게, 정신적 재산을 쌓게 하여 우리가 빈털터리가 되지 않게 해 준다. 배움을 계속하라. 의무도 생활의 방편도 아닌 그냥 배우고 익히는 게 좋아서 하는 그런 공부. 내가 만일 인생을 다시 산다면 일 말고 또 다른 일을 겸업하고 싶다. 바로 홀로 즐기고 배우는 나만의 공부를 하는 것이다. 만학, 그것은 멋진 취미활동이다. 몰입하려면 유혹을 이겨내야 한다.

우리 삶에 존재하는 수많은 유혹들, 이런 유혹에 에너지를 낭비하지 않아야 한다. 술 먹는 것보다, 유흥에 빠지는 것보다, 그리고 친구 만나는 것보다 더 좋은 것이 무엇인가? 그것을 빨리 발견하고 알아채서 그것에 빠지자. 그렇게 몰두하면 행복은 그 속에서 움터 나올 것이다. 그것이 일이어도 좋고 취미여도 좋다.

누구는 은퇴하면 역사 공부나 철학을 하고 싶다고 말한다. 그 동안은 일에 도움 되는 분야의 것들만 열심히 익히느라 다른 관심분야에는 눈길을 줄 틈이 없었다. 그러나 생각해 보면 공부라는 것은 꼭 일에 필요한 것만이 아니었던 것이다. 그것은 오히려 공부라기보다는 기술의 습득이라고 하는 편이 옳다.

그렇다고 누구들처럼 남보란 듯이 뒤늦게 학위 취득을 위하여 석사, 박사과정에 등록하여 시간에 얽매이고 돈을 써대는 그런 것들 또한 권하고 싶지 않다. 일시적으로는 사회에서 튕겨져 나와 정처 없이 헤매는 것보다는 낫다고 생각하겠지만, 이것은 일종의 지적 허세를 부리는 것인지도 모른다. 진정으로 학문이 좋아서 이 늦은 나이에 머리 싸매고 연구에 몰두하는 경우가 몇이나 될 것인지 의문이 간다.

공부는 꼭 대학에 가야만 되는 것이 아니지만 그곳이 비교적 학문하는 분위기가 있고 여건이 마련되어 있기 때문에 적절하기는 하다. 그렇지만 어느 곳에서 공부하는가 보다 더욱 우선되어야 할 것은 '무슨 공부를 할 것인가' 하는 결정이다. 진정 내가 하고 싶은 공부는 무엇이고, 왜 그 공부를 해야 하는지 철저한 검토가 선행되어야 한다. 이 나이 먹고도 아직도 허영의 학습을 한다면 참으로 불쌍한 인생이다.

대학의 최고경영자 과정은 개인적으론 추천하고 싶지 않는 곳이다. 공부보다는 사교가 목적이고, 이런저런 행사 프로그램에 참석하는 것이 주가 되어서 대학의 돈벌이에 춤추는 꼴이 되기 십상이다.

그렇다면 어떤 것들이 공부할만한 것들인가? 사람마다 가치관이 다르고 흥미가 다르기 때문에 딱히 어느 것이 좋은 것이라고 일률적으로 추천하기도 어렵지만, 하여튼 정말 뭔가 배우고 싶은 것이 있다면 그것을 하라는 것이다. 바로 그것이 공부인 것이다.

공부라는 것은 무언가 배우는 것이지 꼭 학문을 하는 것은 아닌 것이다. 앞에서 말해 온 여러 가지 것들을 위해서 익히고 배우는 것들도 다 배우는 공부에 해당하는 것이다. 돈이 목적이 아니고 무언가를 배우는 것은 본능일 수 있다.

내가 좋아서 하는 공부는 놀이다.

현직 의사가 자투리 시간을 활용해 공부한 끝에 한국방송통신대에서만 세 번째 학사모를 썼다.

"뭔가 막히는 게 있으면 배우고 알아가는 데 더 재미를 느껴서 계속 공부하게 됩니다."

그가 말하는, 멈출 수 없는 공부의 이유다. 지금 그는 네 번째 학사학위에 도전하고 있다. 즐거움을 터득한 것이다.

인문학과 고전을 배우자. 도심 속의 서당을 다니자.

전통문화연구회 고전연수원. 도심 속 서당이다. 비슷한 곳으로 정신문화연구원의 청계서당도 있다. 인문학과 고전에 빠져보자. 세상을 살다보면 머리 아픈 복잡한 문제들, 어떻게 살아야 옳은 것인지 근본적인 것들에 의문이 들 때가 많다. 그러나 그런 문제일수록 단순 명쾌하게 답을 구할 수가 없다. 이때 고전의 지혜를 통해서 우리는 자신들의 삶의 이정표에 길잡이를 구할 수도 있다. 인문학과 고전은 왠지 머리가 아플 것 같지만 부활의 시기에는 한 인생을 살아온 경험을 바탕으로 아무런 부담감 없이 천천히, 아주 부드럽게 이런 것들과 가까이 할 수 있다. 어떤 의미에서는 이러한 지적유희는 가볍게만 느껴지던 우리의 삶에 뭔지 모를 무게를 더해 줄 수도 있다.

일반인을 대상으로 한 각종 인문학 교양 강좌들이 많이 있고, 최근 들어 이런 것에 관심들이 많아지고 있다.

하나씩,
하나씩 도전해 보자

일상에 도움이 되고, 취미로도 좋고, 시간 보내기도 좋고, 건강에도 좋은 그런 것들에 도전해 보자. 도전 목표가 있으니 하루가 지루하지 않고 활력이 생긴다.

우리는 살아오면서 심심풀이로, 그냥 내가 좋아서, 손쉽고 재미있는 그런 것들은 안하는 것인 줄 알고 살아왔다. 그러나 일상의 즐거움들은 그런 자잘한 것들에서 비롯된다는 평범한 행복을 찾아내어 나의 업으로 삼자.

요리 자격증만 해도 한식, 일식, 중식, 이태리식, 양식 등 다양하고 그 안에도 여러 가지 코스가 있다.

한 분야의 일가를 이룬 사람들은 공통적으로 1만 시간 이상의 노력을 했다고 한다.

김연아, 박지성, 박찬호 등 성공한 스포츠스타의 공통점은 하루도 빠짐없이 10년 동안을 훈련한 선수들이라는 점이라고 한다.

우리가 살면서 이렇게 꾸준한 노력을 하지 않아서 이루지 못한 일이 있다면 흘러간 과거를 아쉬워하면서 "다시 내게 그런 때, 그런 시간이 온다면…" 하고 돌이킬 수도 없는 시간에 대하여 눈 흘길 것이 아니라, 바로 지금 이 순간부터 앞으로 남은 시간을 이런 정신으로 내 인생을 온전히 가꿀 노력을 하면 된다.

지나온 과거의 1만 시간의 노력이 사회에서의 성공을 가져올 수 있었다면, 지금부터의 1만 시간의 노력은 내 인생에서의 행복을 불러올 수 있는 것이다.

지금부터 10년, 무슨 일, 어떤 것에서 내 인생의 행복을 경작할 것인가? 바로 그것을 알아채고 바로 그것에 하루 3시간씩을 투자해서 노력한다면 나는 인생에서 성공한 것이다.

과거 10년의 노력으로 10년 후 이룬 것이 오늘의 나의 성공이라면, 앞으로는 10년 동안 매일 세 시간 씩 행복의 늪에 빠져 보는 것이다.

그것이 무엇인가? 무엇을 할 때 하루 세 시간 꿈나라로 여행을 다녀올 수 있는 것일까? 하루 세 시간만 온전히 나를 불태우고 흠뻑 즐거움에 빠진다면 그 나머지는 다 행복에 물든 하루가 된다. 그렇게 하루가 일주일이 되고, 한 달이 되고, 10년이 된다면 그 길은 살아생전에 스스로 만드는 해피 로드일 것이다.

그렇게 하루 세 시간 씩 10년을 살자. 그리고 또 다시 하루 세 시간씩 10년을.

자! 이곳부터는 여러분이 채워나가라.
앞에서 이것저것 소개한 것 이외에 여러분들이 찾아보고 번쩍 눈에 띄고 갑자기 심취하여 몰두하게 될, 그런 것들을 찾아보자.
맘 먹고 찾아 보면 재미있고 유익한 나의 늦둥이 친구같은 것들이 수없이 많을 것이다. 장담한다.
맘 먹고 찾아 나서라. 눈 크게 뜨고 귀 열고 살펴보자.

RE

부활의 완성,
건강

자신의 몸을 스스로 지배하는 자만이
건강하게 장수할 수 있다.
내가 고친다, 내 몸의 병.
내가 만든다, 내 몸의 건강.
건강하면 행복하다. 건강한 것이 부자인 것이다.
부활의 시기에는 이것만이 유일한 행복의 열쇠다.

VIVAL

행복하려면 쾌활한 성격을 가져야 한다.

그런데 쾌활한 성격은 건강해야 가질 수 있다.

-쇼펜하우어

건강 없이는 부활도 없다

Revival

건강이 있는 곳에 자유가 있다.
건강은 모든 자유 중에서 으뜸인 것이다.

하늘이 부모를 통해 나에게 주신 유일한 자산인 내 몸을 건강하게 관리하는 것은 오로지 내 몫이고 내 책임이다. 누가 대신 만들어 줄 수도 돈으로도 살 수도 없는 것, 바로 건강이다.

그 재산을 잘 다뤄서 훌륭하게 쓰는 것은 오로지 내가 할 나름이다. 아무도 내 몸을 대신 챙겨줄 수 없다. 의사나 가족이 할 수 있는 일은 옆에서 거들어 주는 일뿐이다. 내 몸에 관한 한 모든 것은 나하기에 달려 있다. 특히 나이 들고나서는 더욱 이런 정신 자세를 가지고 내 몸을 잘 다루고 소중히 가꿔가며, 다음과 같은 3가지 원칙을 지니고 건강을 챙겨야 한다.

- 내 몸의 건강은 내가 만든다.
- 내 몸의 모습은 내가 가꾼다.
- 내 몸의 질병은 내가 고친다.

내 몸은 내가 제일 잘 안다. 그런데 그걸 남들 보고 고쳐달라고 하고, 만들어 달라고 하고, 가꿔달라고 한다. 어린아이가 부모에게 의지하고 떼쓰며 칭얼거리는 것과 같다.

내가 나를 모르는데 누가 나를 알까?

조금만 시간을 내서 내가 내 몸에 대하여 어떻게 해왔는지 잘 생각해 보면 금방 해답이 나올 것이다. 내가 내 몸에 대해 한 짓을 살펴보면 지금의 내 몸이 이렇게 된 원인도 알 수 있고, 그에 따라 앞으로 어떻게 내 몸을 잘 다룰 것인가 하는 처방도 스스로 내릴 수 있다.

이제부터는 약에 의지하고 의사에 매달리고 가족을 귀찮게 하는 의타심을 버리고, 스스로 내 몸을 소중히 하면서 새롭게 내 몸을 인식하고, 본래의 나로 다시 태어날 준비를 하자. 그것은 하나도 어려운 일이 아니다. 잃어버렸던 나를 새롭게 발견하는 것이며 힘차게 앞날을 열어가는 행운이자 기쁨이다. 그것이 진정한 부활이다.

건강하면 활기차게 생활할 수 있고 그렇게 사는 삶이 행복 하다. 뱃속이 편하고 성격이 쾌활한 사람은 몸도 마음도 건강한 사람이다. 이렇게 몸과 마음이 건강해야 행복한 삶을 살아갈 수 있다.

내 몸을 깨지기 쉬운 새알처럼 섬세히 다루자

지나온 세월을 돌이켜 보면 얼마나 내 몸을 험하고 천하게 다뤄왔는지 나 자신에게 미안하고 죄송하다. 위장이 철밥통이나 되는 것처럼 온갖 더럽고 추한 것들을 집어넣고 속을 뒤집어놓곤 했다. '아차' 하는 순간 떨어지거나 넘어지기만 해도 부서지고 기능이 정지되는, 약하고도 약한 내 몸을 오늘도 이렇게 함부로 다루고 있다. 행여나 깨질세라, 행여 작은 상처라도 날까 조심조심하면서 보살펴야 한다.

나 자신을 위해서 한 게 진정으로 무엇이더냐? 생각해 보니 아무것도 없다. 내가 나를 위하고 아끼지 않는다면 누가 나를 돌보아 줄 것인가? 강아지나 고양이를 돌보는 마음은 지극 정성이면서 정작 자신의 몸은 왜 돌보지 않았는가?

부활의 시기에는 이제까지 타인처럼 무심하게 대해왔던 '나'라는 사람과 마주하고, 이제껏 나누지 못한 정을 주고받으면서 알뜰살뜰하게 하루하루를 살아가는 그런 새로운 탄생의 시기가 되어야 한다.

몸과 맘은 서로 연결되어 있다

몸이 건강하려면 우선 맘이 건강해야 한다. 속병 고치기 위해서는 맘보부터 바로잡아야 한다. 소가지를 고치면 뱃속이 편하고 온몸이 활성화되는 것을 금방 느낄 수 있다. 맘보가 삐뚤어져 있으면 아무리 약을 먹고 애를 써도 낫지를 않는다. 내가 좋으면 세상이 다 좋아 보인다. 내가 편하면 누구에게나 관대해진다. 세상만사 맘먹기 나름이라고 하지만 그 맘은 내 몸이 건강하고 내 처지가 좋아야 한다.

감기 기운만 있어도 만사가 귀찮고 짜증나고, 걱정거리가 있을 땐 잘 체하고 소화가 안 된다. 마음을 관장하는 신경계가 장기의 기능을 조절하는 역할도 병행하기 때문이다.

건강 100세를 위해서는 체력향상뿐 아니라 건강에 좋은 마음가짐이 필요한 것이다. 정박아와 정신 질환자는 어떤 암에도 안 걸린다고 한다. 정박아는 스트레스를 받지 않고 정신 질환자는 일반인과 아예 다른 정신적 시스템으로 살기 때문이란다. 그들을 부러워할 것은 아니지만 일상생활에서 스트레스를 너무 많이 받거나 치열하게 매달리기보다 인생을 관조하는 태도가 필요함을 말하고 있다.

어느 대학 병원에서 권하는 건강을 위한 마음가짐 10가지를 소개한다. 보통사람들인 우리들로서는 실천하기가 쉽지 않겠지만 마음만은 항상 이렇게 가지려고 애써야 한다.

1. 융통성이 많고 다양한 생각을 인정한다.

2. 낯선 환경에 불만을 토로하기보다 적응하려고 노력한다.

3. 화나는 일은 매 순간 적절한 방법으로 푼다.

4. '꽁'한 면이 없다.

5. 분하고 불쾌한 일도 시간이 지나면 쉽게 잊는다.

6. 매사에 완벽을 추구하지 않는다.

7. 잘못된 일이 생기면 내 탓과 남의 탓을 반분한다.

8. 내가 해결할 수 없는 일에 대해선 고민하지 않는다.

9. 남과 함께 어울리고 베풀면서 기뻐한다.

10. 남의 평가에 연연하지 않고 자신의 삶에 만족한다.

건강을 위한
생활습관

평소에 생활습관과 스트레스를 개선하면서 내 몸을 소중히 다루면 질병은 스스로 치료된다. 현대의 만성질환은 대부분 자기 몸을 스스로 잘 돌보지 못해서 발생된 것이다. 걱정이 많을수록 고통을 많이 받는다. 더 많은 것과 더 좋은 것을 가지려는 욕망이 거꾸로 우리의 몸을 병들게 하고 있다. 걱정은 후천적으로 길러진 습관에 불과하기 때문에 훈련하면 쉽게 고칠 수 있다. 웃음 한 방, 박장대소 한 번으로도 면역력을 높일 수 있다고 한다. 세상에 태어난 것만으로도 출세한 것인데, 욕심을 줄이면 삶을 누리는 자체가 고마운 일이 된다. 자신의 몸을 스스로 지배하는 자만이 건강하게 장수할 수 있다. 건강하면 행복하다. 건강한 것이 부자인 것이다. 부활의 시기에는 이것만이 유일한 행복의 열쇠다.

1. 덜어내고 휴식을 취하면 건강이 회복된다

뭐든지 꽉 채우려고 해서 병이 생긴다.

머리의 피정인 명상(瞑想),

생활의 피정인 휴식(休息),

뱃속의 피정인 단식(斷食),

생활 속의 피정(避靜)은 살아가면서 가득 쌓아 놓은 불필요한 우리 몸속의 오만 잡것들을 덜어내기 위한 좋은 방법이다. 이런 세 가지를 연중에 한 번씩 정기적으로 할 수 있는 여유는 가지고 지내야 한다.

2. 가리지 말고 골고루 잘 먹는다

식물은 먹으면 다 보약이다. 특히 봄철에 새로 돋아나는 어린 조직들은 우리 몸에 좋은 유용한 성분들을 고루 갖추고 있다. 무슨 특별한 식물에만 있는 것이라고 받아들일 필요는 없다.

'잘 먹는 것이 약'이다. 가리지 말고 모든 식물을 골고루 먹자.

식물학자 차윤정씨는 주저 없이 말한다. "유기농채소만 고집할 것 없다. 양분이 화학비료에서 오든 똥에서 오든 일단 쪼개져 식물에 흡수되고 나면 그것들은 똑같은 물질로 거듭난다."

3. 건강관리는 손씻기부터

건강의 기본원리나 성공의 기본원리가 무척 간단하고 실천 가능한 곳에 있다. 손씻기만 잘해도 호흡기 질환의 20%, 장질환의 40%가 줄어든다고 한다. 화장실을 사용하고 나서 손을 씻지 않은 사람과 악수를 나누었을 때 그 사람의 대변에 있는 균이 2시간 안에 내 입에서 발견될 확률이 39%라고 한다.

손씻기만으로도 감기를 예방할 수 있다. 한 번 걸리면 뚜렷한 처방이 없기 때문에 예방이 가장 중요한 감기 바이러스는 비누로 손을 씻을 경우 50%쯤 사멸된다고 한다.

4. 먹고 나서는 꼭 이를 닦는다

식사 후에 꼭 이를 닦는 작은 수고만으로도 치아질환은 대부분 막을 수 있다. 내 경우도 일 년에 한두 차례는 꼭 잇몸이 붓고 치통을 앓았는데, 무언가를 먹은 후에는 반드시 이를 닦는 습관을 들이고 나서는 어느 순간 그런 현상이 사라졌다. 칫솔질을 할 수 있는 여건이 안 되는 경우라면 자일리톨 껌을 씹어도 효과가 있다. 이런 습관을 전에부터 가졌더라면 얼마나 좋았을까?

술은 입 안 치아 사이의 프라그를 통해 염증 물질을 온 몸에 퍼트리며 치아를 들뜨게 한다. 또한 입안을 건조하게 해 구강 내 환경을 엉망으로 만든다. 탈수현상을 일으키기도 한다. 술을 먹은 날은 반드시 자기 전에 이를 꼼꼼히 닦아야 한다. 술로 인한

폐해를 막는 길은 이를 잘 닦는 것만이 유일한 대안이다.

치아 건강한 것이 오복의 하나라고 옛 어른들이 말할 때는 들은 척도 안하다가 나이 먹어서 잇몸, 치아 다 상한 후에 이 다 뽑고 합죽이처럼 되어 틀니하고, 임플란트 한다며 생고생을 하면서 뒤늦게 후회한다. 나이 먹고 이가 안 좋으면 먹는 즐거움을 다 날려 버리게 되고 오물오물 환자처럼 생활할 수밖에 없다.

치아건강의 최대의 적은 담배 피는 것, 술 마시는 것, 단 음식 자주 먹는 것, 이빨에 끼는 음식을 먹는 것 등이다. 그런데 그런 것보다 더 나쁜 것은 무언가를 먹고 나서 이를 닦지 않은 채 방치하는 것이다. 생각만 해도 불쾌하다. 입 안과 치아 사이에서 음식물 찌꺼기들이 발효되면서 부패하는 냄새를 풍기고, 잇몸에 고름이 생기고 치아가 삭아들기 시작하니 참으로 안팎으로 더러운 짓을 하고도 멀쩡하게 입 다물고 있다.

5. 먹고 싶을 때, 배고플 때, 그때 먹는다

때가 되었다고 무조건 먹어치우지 말고 먹고 싶을 때만 먹는다. 그러면 항상 뱃속이 편하고 소화가 원활하다. 뱃속이 편해야 생활이 편하다. 규칙적인 생활에 매여 있을 때는 어쩔 수 없었으나 자율시간을 갖게 되면 먹는 것도 자율적으로 해야 한다. 규칙적인 것이 다 좋은 게 아니다. 내 몸의 요구에 따르는 것이 좋다. 내 몸이 정해주는 시간에 따르는 것이 규칙을 따르는 것이다.

6. 목욕으로 스트레스를 씻어내자

왠지 그냥 저기압이고 짜증나는 날은 목욕을 하자. 대중탕에 가서 이발도 하고, 때도 밀고, 모처럼 물도 맘껏 쓰고, 냉온탕 들락거리며 느긋하게 시간을 보내 보라. 몸도 맘도 개운해진다. 몸에 쌓였던 때와 함께 마음에 찌들어 있던 스트레스도 말끔히 씻기는 경험을 하게 된다.

7. 감기 우습게 보지 말라

감기가 가장 무서운 병이다. 감기가 만병의 근원이고 몸의 컨디션을 알려주는 바로미터이다. 감기를 잘 다스리면 건강의 기초를 마련한 것이나 다름없다. 몸을 따뜻하게 하고, 따뜻한 소금물로 코를 린스하며, 외출 후에는 소금물로 목과 코를 가글한다. 뜨거운 차를 마시는 등 평소에 손 쉽게 할 수 있는 것을 생활화하면 좋다. 그러나 하찮은 민간처방이라고 귀찮아 하고 아무런 감기예방 노력도 하지 않다간 큰코다친다.

일단 감기가 들어오면 특효약이 없다. 앓을 만큼 앓아야 낫는다. 감기는 사람의 몸을 쇠약하게 하는 주범이지만 죽을병이 아니라고 생각해서 우습게 알고 소홀히 하는, 우리와 가장 가까운 병이다.

감기 정도 가지고 앓아 눕는 것을 부끄럽게 생각하는 우리들의 이상한 사회습성이 사람들을 감기 앞에 허세부리다가 결국

앓아 눕게 만든다. 감기 자주 걸리면 활기를 잃고, 소극적인 성격이 되며, 큰 병에 걸리기도 쉽고, 걸렸다 하면 남보다도 오래 가고 치료도 어렵다. 감기 우습게 보지 말라. 무서운 병이다.

8. 맘과 행동을 조급하게 부리지 말라

장수동물은 예외 없이 느리고 깊게 호흡한다. 사람이 스트레스를 받거나 병에 걸리면 얕고 빠른 숨을 쉬게 된다. 굼뜬 행동도 오래 사는 비결이다. 거북이나 고래, 코끼리 모두 느림보다. 빠른 쥐는 포유동물 가운데 가장 수명이 짧아 2,3년 밖에 못 산다. 사람도 성격이 조급한 사람은 심장병에 걸리는 등 수명이 짧다.

장수학자들은 느리더라도 오래하는 운동을 권한다. 걷기나 등산, 골프, 체조, 수영 등이 권장된다. 달리기나 구기 종목은 체력에는 좋을지 몰라도 많이 하면 장수에 걸림돌이 된단다. 이들 종목의 선수들이 일반인보다 수명이 짧은 경우를 보이는 이유도 이 때문이라고 한다. 호흡은 느리고 깊게 하며 조급한 성격과 행동에서 벗어나는 것, 고 강도로 단시간에 과격한 운동을 하지 않고 저 강도로 장시간 운동을 하는 것, 이 두 가지가 동물에게서 배우는 장수비결이다.

법정스님이 소개하는 건강한 생활규칙
하루 한 시간은 조용히 앉아 있는 습관을 들여라.

조용히 명상을 하다가 잠을 자라.

간소하게 먹고 간편하게 입으라.

딱딱한 바닥에서 잠을 자라.

사람들과 일찍 헤어지고 자연과 가까이 하라.

TV, 신문 무조건 멀리 하라.

매사에 최선을 다하고 결과에 집착하지 말라.

풀과 벌레처럼 우리도 죽는다. 삶다운 삶을 살라.

좋다는 건
비웃지 말고 다 해 보자

Revival

1. 걷기는 모든 것을 치유하는 신비한 힘을 준다

모든 운동의 처음이며 마지막은 '걷기운동'이다.

기초력을 보수하고 보강하여야 한다. 걷기처럼 간단하면서도 효과가 좋은 운동은 없다. 계단 오르기, 빠르게 걷기 등 일상생활 속에서 활발한 신체활동을 매일 10분씩 하면 일주일에 3번 격한 운동을 한 것과 맞먹는 효과가 있다는 연구결과가 독일에서 나왔다. 동의보감을 쓴 '허준'이 말하기를 '약보(藥補)보다 식보(食補)가 낫고, 식보보다 행보(行補)가 낫다.'고 했다.

많은 옛 사람들도 걷기의 중요성에 대하여 말하고 있다. 다산 정약용은 '걷는 것은 청복(淸福. 맑은 즐거움)이다.'라고 했으며 니체 또한 '가장 중요한 것은 길 위에 있다.'고 말했고, 그리스의 철학자 아리스토텔레스는 걷기 예찬론자로서 그는 제자들과 걸으면서 토론을 하고 철학을 가르쳤다. 걷기가 자연과 세상의 변화를 몸으로 느끼게 하는 가장 좋은 방법이고, 발에 자극을 주어 신경과 두뇌를 깨치게 하고 사고와 철학의 깊이를 더하게 한다고 생각하였기 때문이다. 이 때문에 그들을 '소요학파' 또는 '산책학파'라고 부른다.

걷기운동의 좋은 점

1. 전신 운동이다. 근육을 여기저기 움직임으로 기분이 좋다. 걸으면 심신을 안정시켜 주는 효과가 있다.

2. 자신의 페이스로 걸을 수 있다. 시간 제한도 없고 누구랑 같이 해야 하는 부담도 없다.

3. 복장에 신경 쓸 필요도 없고 비용이 들지 않는다.

4. 자연을 만나고, 차를 타면 볼 수 없는 것들을 보게 된다.

5. 자기와의 대화를 하고 명상을 할 수 있다. 머리가 맑아지고 아이디어가 나온다.

6. 누우면 죽고 걸으면 산다고 한다. 나이 먹을수록 눕거나 가만히 있으면 건강을 망친다. 근육 양이 줄어들고 근력이 떨어져서 식욕도 떨어지고 급속히 건강이 쇠약해진다. 골다공증도 발생빈도가 높아져서 쉽

게 넘어져 골절을 입기 쉽다.

보폭 75cm로 133걸음이면 100m를 걷는다. 100m를 1분에 걷는 속도면 시속 6km이다. 하루에 8천보 이상 걷는 것이 좋다. 그러려면 대략 1시간 30분 정도를 걸어야 한다.

제주도에 올레길을 만든 사람이 있다. 모 언론사 국장이었던 그는 왕뚜껑이라고 할 만큼 화 잘 내고 성격이 유별난, 소위 잘 나가는 커리어 우먼이었다고 한다. 그러던 그가 몸을 까딱할 수 없을 정도로 약해져서 어쩔 수 없이 시작한 것이 걷기였다. 헬스나 요가학원 등도 다녀봤지만 어느 곳도 3일을 못 다녔다. 학원 강사는 항상 야단만 치고, 그걸 못 참는 그는 그때마다 때려치우고 나왔다고 한다.

그러나 걷기는 돈도 안 들고 혼자 해도 되고 누가 뭐라고 하는 사람도 없어서 독불장군 같은 그녀에게는 딱 맞는 운동이었던 셈이다. 처음에는 15분을 걷지 못했었는데 지속하다보니 점점 걷는 시간이 늘어났다. 그렇게 시작했던 것이 스페인의 산티아고 순례길까지 다녀오게 되었고, 거기서 착안하여 자기 고향인 제주에 '올레길'을 만들게 되었다고 한다. 걷기에서 자신은 치유 받았고, 거기에서 명상을 하고 아이디어를 얻는다고 말한다.

2. 물로 하는 치료와 예방

아침 기상 후 즉시 물 500cc를 마시고, 굵은 김장소금 한 알을 녹여먹는다.

아침식사 후 2시간 지나서 250cc 한 컵 마시고 소금 한 알.

점심 먹기 30분 전에 250cc 한 컵과 소금 한 알.

점심식사 후 2시간 지나 250cc 한 컵 마시고 소금 한 알.

저녁식사 30분 전에 250cc 한 컵과 소금 한 알.

저녁식사 2시간 후 250cc 한 컵과 소금 한 알.

이렇게 하루에 6번에 걸쳐 1750cc 마시고 소금 7알 섭취.

이것을 실천하면 모든 질병의 치료는 물론 예방도 가능하다고 한다. 필자도 이것을 일 년 정도 실행하고 있는데 참으로 여러 가지 효과를 보고 있다. 3개월 정도 하면 바로 효과가 나타나기 시작 한다. 미국의 유명한 의사가 제안 한 것인데 자세한 것은 워터큐어닷컴(www.watercure.com)에 나와 있다.

3. 눈 체조

눈을 찬물에 담근 채 눈을 크게 뜨고 눈알을 좌우로 세 번씩, 하루에 두 번씩 하면 나이 먹어서도 좋은 시력을 유지할 수 있다. 가까운 선배 한 분이 젊어서부터 이렇게 했는데 70이 가까운 나이에도 시력 2.0을 자랑한다. 어려울 것 없다. 아침 저녁 세수 할 때 잊지 말고 눈을 굴려주기만 하면 된다.

그러고 보니 우리 몸의 여러 기관들을 위하여 약도 먹고 운동도 하는데 가장 중요하다는 눈은 세수시켜 본 일도 운동시켜 본 일도 없다.

노안을 레이저 수술을 통해 치료하는 기술이 속속 개발되고 있다고 영국 선데이 타임즈가 최근 보도했다. 미국의 라식 수술 전문가인 다니엘 두리에 박사는 레이저 광선으로 각막에 미세한 틈을 낸 뒤, 도넛 모양의 검은 링을 삽입하는 치료법을 개발했다. 링이 초점 조절 능력을 향상시켜 준다는 것. 노안은 눈의 수정체 기능이 약해지면서 초점을 잘 맞출 수 없게 되는 현상이다. 두리에 박사는 '150여 명을 대상으로 시술한 결과 항공기 조종사가 될 수 있을 정도로 시력이 개선됐다.'고 말했다.

이와 비슷한 노안 치료법이 각국에서 속속 개발되고 있다. 눈뿐만이 아니라 현대의료기술이 인간의 회춘을 가능하게 할 정도로 발전을 거듭하고 있고, 그 결과 우리들의 부활도 그만큼 가능해지고 있는 것이다.

4. 맨손체조와 스트레칭

수시로 어깨 스트레칭을 하자.

허리를 똑바로 곧추 세우고, 가슴도 쫙 펴고, 어깨를 으쓱한 뒤 가슴을 활짝 편다. 날개 뼈(날갯죽지)가 닿을 때까지 힘껏 젖히는 운동을 하루에 30번 이상 수시로 하자. 어깨가 시원해지고 자세도 좋아지고 정신도 맑아진다.

아침에 눈뜨면 누운 자리에서 일어나기 전에 온몸 스트레칭을 하자. 기지개를 쭉 펴고, 발을 좌우로 돌리고 거꾸로 하여 가슴을 지나 머리까지 굽히고, 벌떡 일어나지 말고 몸을 옆으로 하여 천천히 일어나고, 일어나서는 허리 굽혀 양손을 발끝까지 닿게 하는 동작을 반복하자. 허리 병으로 오랫동안 고생하던 후배가 이 운동만으로 허리를 완전히 고쳤다고 한다. 남들은 허리 병이 나기 시작하는 나이에 그는 젊어서부터 앓아오던 척추 병을 고쳐냈다. 문제는 이것을 하루이틀 하는 것이 아니고 수개월에서 몇 년 동안 계속하여야 한다는 것인데, 그렇지만 그렇게 지속하면 반드시 낫는다는 사실이다.

5. 게으름뱅이의 운동, 아이소메트릭 운동

근육은 사용하지 않으면 퇴화한다. 근육은 지구력이 필요한 근육(지근)과 순발력이 필요한 근육(속근)이 있는데, 지근은 나이가 들면서 서서히 줄어들지만, 속근은 운동을 하지 않으면 30대 이후 급감한다.

노인의 걸음걸이를 보면 보폭이 작고 잘 넘어지며 바른 자세가 나오지 않는데 그 이유가 바로 이 속근이 거의 없어서 파워와 순발력이 나지 못하기 때문이다. 이 운동은 운동초보자나 중년 이후 운동을 시작하는 사람, 재활이 필요한 사람에게 적절하다.

전문가들은 10분간의 이 운동이 1시간의 힘든 웨이트트레이 닝을 대체한다고까지 말한다. 요령만 알면 아주 쉽고 안전한 운동이다. 달리기와 같은 유산소 운동은 관절 등의 부상이 많다. 그러나 이 운동은 관절이 오히려 튼튼해진다. 중년 이후에 운동을 시작하는 사람에게 아주 적합하다. 또한 운동을 위한 넓은 공간이나 기구가 필요 없다. 시간이 많이 들지도 않는다. 한 동작을 하는 데 10초 이내이고 여러 동작을 해도 10분이면 충분하다. 하루에 한 번, 고정된 힘을 주는 것만으로 일주일에 5%의 근력을 향상할 수 있다. 이 운동은 독일의 운동생리학자 헤팅거 박사가 소개해 운동선수들에게는 익숙한 운동이다.

가장 기본이 되는 동작 5가지는 다음과 같다.

1. 대퇴근력 강화

양발 어깨 너비보다 약간 넓게 벌리고 기마자세로 앉는다.

허리는 펴고 양발을 안쪽으로 모은다.

2. 다리근력과 복근 등 근육 강화

벽에 등을 기대고 무릎을 직각으로 구부린다.

등을 반듯이 펴고 정면을 바라본다.

3. 복근 강화

누워서 목과 다리를 굽힌 채 들고 팔을 뻗는다.

4. 어깨근육 강화

손가락끼리 맞잡고 바깥쪽으로 힘껏 잡아당긴다.

손을 어깨 높이까지 올려야 좋다.

5. 목뼈 강화

깍지 낀 손을 뒷머리에 대고 앞쪽으로 잡아당긴다.

이때 목은 뒤쪽으로 힘을 준다.

이상을 각 동작 10초씩 3회 반복한다. 숨은 자연스럽게 쉰다.

하체가 부실하면 확 늙어버린다. 특히 남자의 경우 배는 불룩 튀어나오고 다리는 가늘어져서 꼭 올챙이처럼 보인다면 이는 남자이기를 포기한 것이고, 늙지 않아도 노인처럼 보인다. 가장 추하고 형편없는 모습의 전형이다. 굳이 젊은이들이 하는 유명헬스장에 가서 낑낑대며 따라하려다가 몸도 상하고 맘도 상하고 중도에 포기하느니, 집에서 잠깐잠깐 아이소메트릭 운동을 꾸준히 하는 것만으로도 젊고 탄탄한 모습의 활기찬 근육을 가질 수가 있다. 몸이 건강하고 근육이 단단하면 나이가 몇 살이든 그는 청춘이고 남자다.

6. 손을 많이 쓰는 장수의 비결

연주나 지휘, 붓질이나 조각에서 손을 많이 쓰는 게 장수의 비결이라고 한다. 그때문인지 미술가, 연주자 등 손 많이 쓰는 사람 중에 장수하는 이가 많다. 한국 서양화가 1세대인 전혁림(94세),

이준(92), 김흥수(90), 장두건(92), 장리석(94), 정점식(93), 이규호(90) 화백 등 구순을 넘은 노 화가들은 여전히 하루 8시간씩 작업하며 붓을 놓지 않고 있다.

실제 각국의 수명 관련 통계를 보면 예술가는 오래 사는 직업 중 다섯 손가락 안에 든다. 무엇보다 예술가는 궁극의 자아와 아름다움을 추구하는 강한 정신적 에너지를 갖고 있기 때문에 잘 늙지 않는다. 음악과 미술은 나이를 잊게 하는 취미생활로 훌륭할 뿐 아니라 건강한 에너지를 발산한다. 손을 많이 쓰는 경우로 서예, 서각, 전각, 목공예 등이 있다.

나이 들면서 뭔가 취미를 하나 갖고자 한다면 이렇게 건강에 도움이 되는 것으로 하는 것이 좋다.

7. 다리 근육이 건강을 지탱한다

허벅지 근육을 키우자. 다리가 굵은 사람이 건강하고 오래 산다. 다리근육이 노화를 억제한다.

단백질을 섭취하고 등산을 자주 하라. 올라갈 때는 약간 경사가 진 곳이 좋고, 내려올 때는 완만한 곳을 택하여 산을 자주 다녀라. 우리나라는 천혜의 근교 산들이 있다. 허벅지 둘레와 종아리 둘레의 합이 배 둘레보다 커야 건강한 몸이다. 하체가 상체를 압도해야 한다. 가장 나쁜 것이 올챙이배에 거미다리를 한 몸이다. 허벅지 근육은 인체에 불필요한 나쁜 요소들을 태워버리는 소각장 역할을 하고, 당분을 저장하여 피로를 없애고 활력을 불어넣어 준다.

나이 먹을수록 다리 힘이 좋아야 한다. 다리 힘이 좋아야 여행도 다니고 등산도, 골프도 할 수 있다. 다리가 부실하면 나들이하는 것도 귀찮고, 어딜 가더라도 항상 앉을 자리만 보면 주저앉는다. 그런 모습을 보일 때 다른 사람들 눈에는 전형적인 노인으로 보이는 것이고, 나 자신도 스스로가 노인행세를 하려고 덤빈다. 결코 바람직한 노년의 모습이 아니다.

앞에서 말하는 오르막 등산뿐 아니라, 집안에서는 스텝퍼(다리 근육을 강화시키는 기구)를 이용해 아침 저녁으로 힘을 기를 수도 있고, 엘리베이터를 이용하는 대신 가능하면 계단을 오르내리거나 줄넘기를 통해서 하체근육을 강화시킬 수 있다. 앞에서 설명한 아이소메트릭 운동은 실내에서 시간 없을 때 잠깐씩 수시로 할 수 있으므로 이것저것 따지지 말고 열심히 해 볼 일이다.

8. 잡곡밥과 현미식

단백질, 탄수화물, 지방질 중 가장 중요한 것이 탄수화물인데, 밥은 탄수화물의 대표적인 음식이다. 잡곡밥, 현미밥을 먹자. 문제는 뭐든지 너무 많이 먹는 데에서 발생한다. '복팔분腹八分'이라고 하여 뱃속을 8할만 채우는 것이 건강에 좋다는 말도 있다. 현미식이 좋은 이유는 현미가 모든 영양소가 다 들어있는 종합

완전식품이기 때문이다. 현미식만 하여도 영양제나 비타민제가 필요 없고, 좋다는 음식 찾아다닐 것도 없다. 문제는 처음 먹는 사람들에게는 먹기가 까칠까칠하여 입에 부드럽지 못하다는 것인데, 자꾸 먹다보면 나중에는 맨밥 백미는 싱거워서 먹지 못한다. 거부감이 심하면 처음에는 5분도 쌀을 먹으면 되고, 그것이 습관이 되면 그때부터 현미식을 하여도 좋다.

한국인들의 몸은 수천 년 동안 밥을 먹어왔기 때문에 밥에 맞는 체질을 가지고 태어났다. 밥을 먹고 빵, 커피, 스파게티, 햄버거 등을 줄여야 한다. 우리들은 종종 반대로 하기 때문에 문제가 된다. 밥이 보약이다.

9. 배는 모든 것의 중심이다

뱃속이 편해야 하루 종일 편안하다. 장이 건강해야 몸이 건강한 것이다. 장 건강은 뱃속을 건강하게 만드는 것으로 시작하여야 한다. 뱃속의 건강은 주로 먹는 것과 관련이 있다. 먹는 것만 잘 관리해도 뱃속이 편안하고, 뱃속이 편안하면 장이 튼튼해지고, 장이 튼튼하면 건강의 기초를 다진 것이다.

행복은 대체로 장(腸)의 운동이 어떠냐에 달려 있다. 뱃속이 편해야 하루의 편안함이 시작된다. 배가 모든 것의 중심이다.

－임어당

다음의 생활습관을 들이면 좋다.

첫째; 현미식, 잡곡으로 소식을 한다. 오래 씹고 천천히 먹는다.

둘째; 군것질을 무조건 삼간다.

셋째; 술을 절제하고, 찬술은 특히 조심하며, 술 먹고 나서 찬 음식, 찬 음료를 먹지 않는다.

넷째; 커피보다는 녹차나 허브차를 마신다.

다섯째; 요구르트와 더운 물을 하루 세 번 식사 후 마신다.
특히 여행 시에는 더욱 필요하다. 지방이나 해외여행 시에는 보온병과 요구르트를 상비하는 것이 좋다.

10. 몸을 따뜻하게 하는 것이 건강의 기본

만병의 원인은 바로 '냉기(冷氣)'와 '과식(過食)'이라고 한다. 원인을 알 수 없는 질환은 냉기에서 비롯된 것이 많다. 냉기가 누적돼 내장이 나빠지면 전혀 관계가 없어 보이는 곳에 병이 나타난다고 한다. 그러므로 냉기를 고치면 아무리 고생을 해도 낫지 않던 병도 완전히 사라진다는 것이다.

몸을 따뜻하게 하는 것으로는 반신욕과 족욕, 목욕 후 양말을 신는다든가, 몸을 따뜻하게 하는 음식을 섭취하는 것, 가벼운 운동을 하는 것 등 여러 가지 보조 방법이 있는데 그중 대표적인 것이 반신욕과 족욕이다. 반신욕은 무조건 좋다. 매일 한 번씩 더운 물에 들어갔다 나오는 것만으로도 체질에 관계없이 누구에게나 효과가 충분하다.

반신욕을 하면 다음의 다섯 가지 좋은 결과를 가져온다.

첫째; 감기에 잘 안 걸린다.

둘째; 치질에 걸리지 않고 간단한 치질은 쉽게 완치된다.

셋째; 항문근육이 강해진다.

넷째; 성기능이 강화된다.

다섯째; 암에 잘 걸리지 않는다.

암이란 놈은 성질이 뜨거운 것을 싫어한다고 한다. 인간의 몸은 체온이 1도 올라가면 면역력이 5배 증가한다고 한다. 잠자기 전에 반신욕을 한 후 잠자리에 들면 숙면을 취할 수 있고, 추운 겨울날에도 몸을 따뜻하게 만들 수가 있다. 그리고 겨울철에 나이 든 사람들의 경우 발뒤꿈치가 꺼칠꺼칠해져서 목욕탕에 가서 돌수세미로 밀지 않으면 안 되는데, 반신욕을 하면 혈액순환이 잘되어서 뒤꿈치가 말끔해진다. 피부도 매끈매끈해진다.

몸을 따뜻하게 하는 건강법에 대한 책도 많이 나와 있다. 대부분 일본 사람들이 쓴 책을 번역하여 소개한 것들로 어느 서점에서나 쉽게 구할 수 있다. 굳이 사 보지 않아도 저자가 말하는 취지에 공감하고 그것을 실천하겠다는 의지만 있으면 된다.

그들은 다음과 같은 제목으로 체온의 중요성을 강조하고 있다.

• 만병을 고치는 냉기제거 건강법

- 따뜻하면 살고 차가우면 죽는다.
- 체온을 1도 올리면 면역력이 5배 높아진다.
- 생명의 근원인 배, 배를 잡아야 온몸이 건강하다.
- 반신욕. 족욕.

너무 뜨겁게 하면 꼭 고문 받는 것 같아 하기가 싫어진다. 약간 뜨겁다고 느낄 정도로 하여 읽을거리를 가지고 느긋하게 하는 것이 좋다. 무조건 오래 한다고 좋은 것은 아니다. 꾸준하게 매일하는 것이 기본이다. 그런데 어떤 사람들은 따뜻한 물에 푹 담그고 있어야 한다는 것 때문에 혹시나 성기능에 문제가 생기지는 않을까 걱정을 한다. 자고로 남자는 아래를 차게 해야 한다는데 그렇게 따뜻한 물에 담그고 있으면 성기능이 저하되지 않겠느냐는 걱정이다. 나도 이게 싫어서 끝나고 나서는 꼭 찬물샤워로 하체를 차게 하는 것으로 마무리를 한다.

11. 햇볕, 최고의 종합 비타민이며 감기 치료약

아침 저녁으로 햇살이 뜨겁지 않을 때 웃통 벗고 햇볕바라기를 하자. 햇볕은 우리 몸에 필요한 영양분을 공급하는데 그 대표적인 것이 비타민 D다. 비타민 D는 유일하게 음식으로 섭취하기 어려운 영양소다. 비타민 D는 뼈를 튼튼하게 해 주고, 각종 암과 심장병, 폐질환, 당뇨병 등의 발병률을 낮춰 주며, 또한 살

균효과도 있어서 피부를 소독해 준다. 최근엔 종합검진 항목에도 이에 대한 평가가 들어 있다. 그래서 햇볕이 잘 드는 지방에 사는 사람들이 피부는 검지만 건강한 것이다.

그런데 사계절 중 가을 햇볕이 우리 몸에 가장 좋다고 한다. 가을볕은 자외선의 양이 적고, 황사와 꽃가루 등이 섞인 봄볕보다 공기가 맑다. 봄볕은 겨울 동안 약해진 피부에 큰 자극을 일으킬 수 있고, 여름 햇볕에 단련된 피부 때문에 가을볕에 의한 피부자극이 적다. 그래서 옛말에도 봄볕엔 며느리를 밭에 내보내고 가을볕엔 딸을 내보낸다고 했다.

가을 햇볕을 잘 받는 방법
 −자외선 지수가 가장 높은 오전 10시부터 오후 2시 사이는 피한다.
 −햇빛이 피부에 직접 닿도록 적당히 피부를 노출시킨다.
 −피부가 약한 경우 피부 노출시간을 5분에서 점차 늘려 나간다.
 −태양 아래 누워 자며 햇볕을 쬐는 것은 절대 금물이다.

12. 명상(瞑想)

신체를 이완시키고 마음을 가라앉히는 자기수련 기법으로 명상이 손꼽힌다. 명상수행은 동양의 신비주의로 폄하되었지만, 지금 서양의 현대과학에서도 인체에 미치는 긍정적 효과가 대단한 것으로 확인되고 있다.

명상법 중 대표적인 두 가지로, 좌선하는 자세로 눈을 감고 호흡에 집중하여 온갖 상념과 근심을 떨쳐버리는 주의집중명상(focused attention meditation)과 떠오르는 모든 생각이나 느낌을 배척하지 않고 주의를 기울이는 지각명상(mindfulness meditation)이 있다. 원래 동양의 것을 영어식으로 쉽게 표현하였기에 오히려 뜻이 분명하여 영어를 병기하였다.

명상은 여러 가지 효과가 있는데,

첫째, 집중력과 기억력을 향상시키고,

둘째, 걱정을 덜하고 감정을 잘 다스려 스트레스를 잘 견뎌낼 수 있다.

셋째, 만성적 통증을 완화하고 우울증에도 효과가 있다.

넷째, 타인의 감정을 배려하며 행동하는 능력을 길러주어 대인관계를 원활하게 한다.

이처럼 효과가 있는 명상 수행은 누구나, 언제 어느 곳에서나 할 수 있다. 맘만 먹으면 누구나 명상을 통하여 몸과 마음을 건강하게 만들 수가 있는 것이다.

어떻게 해야 효과적인지 따지고 머뭇거리지 말고 그냥 호흡하는 것부터 시작하자. 조용히 자리잡고 앉는 것부터 시작하면 된다. 우리는 무언가 시작하려면 절차가 복잡하고 이론부터 따지는 습관에 젖어 있는데, 바로 뭐든지 하면 끝내주게 잘해야 된다는 강박관념 때문이다. 그런 강박에서 벗어나는 것이 바로 명상의 출발이다. 그러므로 수련이라는 말도 필요 없다. 그냥 조용히 혼자서 천천히 배로 복식호흡하면서, 그것도 힘들고 귀찮으면 그냥 생각이 떠오르면 떠오르는 대로 앉아 있어도 된다. 그런 시간을 우리가 살아오면서 가져 본 일이 있던가. 단 몇 분이라도 조용히 나와 마주해 보자.

13. 건강에 도움이 되는 식품들

1. 의사가 권하는 것들

①브로콜리 ②마늘 ③인삼 ④카레 ⑤비타민c ⑥아스피린

2. Time지가 선정한 몸에 좋은 10대 식품

①토마도 ②마늘 ③녹차 ④호두 아몬드 등 각종 견과류 ⑤귀리

⑥브로콜리 ⑦연어 ⑧머루 ⑨시금치 ⑩적포도주

3. 뉴스위크가 선정한 건강 음식 베스트 11

①사탕무 ②양배추 ③스위스근대 ④계피 ⑤석류 주스

⑥말린 자두 ⑦호박씨 ⑧정어리 ⑨카레 ⑩통조림 호박

⑪냉동 블루베리

의사가 권하고 세계적인 잡지에서 건강기사로 내 놓은 것이므로 자꾸 따지지 말고 열심히 먹어보자. 주변에서 손쉽게 구할 수 있지만 흔해서 잘 안 먹는 좋은 음식들이다. 어떻게 좋은지 알고 싶으면 인터넷에 들어가 보면 상세히 나와 있다.

14. 제대로 하는 운동습관

1. 근력운동은 이틀에 한 번, 1주일에 4회가 적당하다

운동을 하면 우리 몸의 근육은 미세하게 손상되고 피로 물질인 젖산이 생성된다. 이를 회복하는 데 시간이 필요하다. 전문 트레이너가 지도하는 근육강화 프로그램도 한 번 사용한 근육은 2~3일이 지난 뒤에 다시 운동하도록 설계되어 있다. 회복하는 동안 근육이 강화되기 때문이다. 유산소 운동은 매일 해도 괜찮다.

2. 스트레칭도 너무 오래하면 오히려 나쁘다

한 손을 바닥에 놓고 다른 손으로 엄지를 뺀 손가락을 위로 잡아 당겨서 45도 이상 꺾이면 몸 전체가 유연한 상태이므로 체조 등 스트레칭성 운동을 10분 이상 할 필요가 없다. 10분 이상 하면 근육이 너무 이완돼 부상을 당할 위험이 있으며 에너지 소모량만 늘어난다. 하지만 45도보다 덜 꺾이면 몸 전체가 뻣뻣한 상태이므로 15분 정도 스트레칭을 해서 관절과 근육을 충분히 풀어야 한다.

3. 윗몸일으키기는 맨 나중에

근력운동 초반에는 정확한 자세와 동작을 필요로 하는, 힘이 많이 드는 운동을 해야 함으로 신체를 컨트롤할 충분한 체력이 필요하다. 그래서 윗몸일으키기는 맨 나중에 해야 한다. 윗몸일으키기부터 해서 복근과 척추근육의 힘을 빼고나면 다른 운동을 제대로 할 수 없다.

4. 줄넘기는 한 번에 30분까지만

뚱뚱한 사람이 줄넘기로 다이어트하겠다고 무리하면 안 된다. 줄넘기를 1회 할 때 무릎이 받는 하중은 체중의 5~7배 정도다. 비만이 심한 사람은 줄넘기를 안 하는 것이 좋고, 보통사람도 한 번에 30분 이상 하면 관절에 나쁘다. 청소년들도 학교에서 줄넘기 평가를 하고 나면 다음날 10여 명이 무릎 통증으로 병원을 찾아간다고 한다. (출처 : 〈헬스조선〉 기사)

본받을
건강생활 습관

건강하게 왕성한 사회활동을 하는 사람들은 무언가 자기 나름대로 건강을 유지하기 위한 노력을 하고 있다. 무슨 대단한 비결이거나, 크게 돈이 들거나 하기 어려운 것들이 아니고, 누구나 들으면 한번 쯤 들어 봤거나 시도해 본 그런 것들이다. 굳이 비결이라면 그들은 매일, 꾸준히, 오랫동안 실천하고 있다는 것이다. 그들의 건강 생활습관을 들여다보고 본받을 것은 따라해 보자.

1. 냉·온수 마찰. 팔굽혀펴기

냉수마찰, 겨울엔 온수마찰.

잡곡밥에 소식.

손으로 얼굴 맛사지. 얼굴(눈, 코, 귀, 입과 잇몸 주위를 손가락으로)
수건으로 사타구니까지.

1년에 두 차례 3일씩 단식.

30년 매일 팔굽혀펴기.

특이한 것은 오전 4시 기상, 5시 16분 첫 전철 타는 것으로 하
루 일과를 시작한다. 부지런도 건강 비결이다.

　　－김상문, 전 동아출판사 회장

2. 참선(參禪)

1995년에 히말라야의 메라피크(해발 6654m)를 무 산소 등정한
최고령 산악인으로 기네스북에 오른 83세의 할아버지. 비결은
참선. 그의 참선방법은 간단하다. 가부좌를 틀고 정신을 집중해
호흡하는 것. 호흡은 마시는 숨보다는 내쉬는 숨을 길게 한다.
참선의 장점은 정신이 집중되고 건강이 좋아진다. 참선을 통해
익힌 호흡법 덕분에 산소통 없이 히말라야를 오를 때도 몸은 힘
들었지만 숨은 가쁘지 않았다고 한다.

　　－박희선, 전 국민대 학장

3. 현미식

나이 90에 농장 일을 거들 정도로 건강을 유지하는 비결은 바

로 현미식이다. 현미식을 한 뒤로 사소한 잔병치레는 물론이고, 어릴 적부터 고생하던 간디스토마 감염 증세도 깨끗이 사라졌다. 현미는 건강뿐 아니라 심성개조에도 효과가 있는 것 같다고 얘기한다. 사자도 현미를 먹이면 온순해질 수 있다고 주장한다. 현미가 먹기 힘들고 소화가 잘 안되면 5분도 쌀을 먹으면 된다. 쌀눈이 살아 있도록 5분도로 도정한 것으로 맛도 영양도 좋다.

－원경선, 풀무원 설립자

4. 줄넘기

줄넘기는 3미 다이어트라고 한다. 모든 부위를 고루 단련시킨다는 균정미, 근 골격계가 단단해지고 심장이 튼튼해지는 건강미, 그리고 각선미. 여기에 리듬과 타임이 감각 순발력을 부가적으로 얻는다. 90세에도 168cm의 키에 61kg의 몸무게를 유지하고 있다.

－이왈규, 줄넘기 보급 선구자

5. 새벽 기상. 달리기와 등산

40년 동안 매일 새벽 4시 이전에 기상한다. 기상 즉시 맨손체조를 하고 냉수마찰을 한다. 겨울에는 4시 30분, 여름에는 4시에 집을 나와 삼청공원을 조깅한다. 회식 때 건배도 물로 한다. 과식과 알콜은 노화촉진제나 다름없다는 평범한 진리를 실천해 온

80세 청년의 비결이다. 운동은 달리기와 등산. 달리기는 40년 동안 해 왔고, 최근 10년간은 단 하루도 거르지 않고 달리기를 했다. 주말 북한산 등반도 40년간 개근하고 있다.

─백낙환, 인제학원 이사장

6. 항문 운동

항문조이기는 예전부터 배 운동과 함께 권장하는 건강운동인데 가수 김도향 씨가 방송에서 전도사 역할을 자처하고 나서면서 더욱 대중적 관심을 끌게 되었다. 도사처럼 밝고 건강한 얼굴 모습을 하고 나와서 설명하는데 아마도 '남자에게 참 좋은데, 어떻게 말로 설명할 수도 없고' 그런 표정이 역력했다. 그건 바로 남자들의 정력에 좋다는 것으로 발기력이 강해진다는 것을 의미한다.

자투리 시간을 이용해서 하루에 1000번(30분 소요)을 조였다 풀었다 하는 것이 전부다. 아무 때고, 아무 곳에서나, 아무도 눈치채지 못하게 혼자 항문에 힘을 쓰는 운동이다.

단지 항문 괄약근을 조였다 풀었다를 반복하는 것으로, 호흡이나 자세를 신경 쓰지 않아도 되며, 항문을 조였다가 기다리지 않고 바로 풀면 된다. 꾸준히 하면 6개월 내에 머리가 맑아지고 배가 따뜻해지며 정력이 강해진다. 항문을 조이면 장운동이 활발해지고 변비 치질도 없다. 항문을 조이면서 명상까지 할 수 있다. 특히 장이 나쁜 사람, 치질이 있는 사람, 성기능이 약한 사람들에게 권장할 만하다.

월남전에서 고엽제 피해로 머리도 눈썹도 다 빠졌던 사람이 항문조이기 기체조로 완치되었을 뿐 아니라 나이 70에도 왕성한 성생활을 즐기고 있으며, 강인한 체력으로 아직도 골프 비거리가 250미터를 넘는다고 자랑을 한다. 그가 말하는 요령은 다음과 같다.

- 양발을 어깨 넓이로 벌리고 엄지발가락과 항문의 힘을 조인다.
- 항문을 조일 때 양손을 앞에서 뒤로 하면서 주먹을 함께 쥔다.
- 이 동작을 700회 반복한다. 약 10분 정도 소요된다.

이 경우의 항문조이기는 발을 일자로 모으고 양팔을 앞뒤로 흔들며 하는 것으로, 팔을 뒤로 돌릴 때 주먹을 쥐고 항문에 힘주며, 앞으로 내밀 때 풀어주는 동작을 하는 것이다. 이 동작을 따라해 보려고 했는데 항문에 힘을 주는 게 보통 힘든 게 아니었다. 그런데 누가 요령을 가르쳐주었다. 바로 숨을 내쉴 때 같이 항문을 조이는 것이 포인트였다. 단전호흡 하듯이 숨을 내쉬면서 조이고, 그리고 자연스럽게 숨을 들이마시는 것이다. 이렇게 자연 배호흡을 하니 단전호흡이 되고 항문 조이기 운동도 되는 일석이조의 효과가 있었다. 둘 중에 하나는 효과가 있을 것이라고 생각하면 열심히 하게 된다.

7. 식초 마시기

"특별히 운동을 하는 것도 없고, 녹용, 인삼 등 흔한 건강식품 하나 복용하지 않는다. 요즘도 술을 마시는데 건강검진을 하면 모두 정상으로 나온다. 식초 먹은 후, 아파서 병원에 가 본 일이 한 번도 없다. 약을 먹을 일도 없다. 식초는 산이지만 입안으로 들어가면 알칼리로 변한다. 위, 장의 찌꺼기를 청소하고 노폐물을 없애 다양한 건강효과를 발휘한다. 식초가 방귀냄새도 없애줬다. 변도 휴지가 필요 없는 소시지 변이 된다. 몸이 건강해져서 정력도 좋아진다. 사흘을 마시자 변비가 없어지고, 석 달을 마셨더니 위궤양이 없어졌다. 속이 편안해지고 피곤이 없어졌다." 80대 현역을 자처하는 박승복 샘표 회장의 말이다.

이 분 말대로라면 이렇게 간단하고 신통한 일이 다 있나 싶을 정도다. 이 분도 온갖 신문 방송에서 다루어서 오히려 식품회사 사장이라기보다는 식초 전도사로 더욱 유명해졌다. 그 덕분에 먹는 식초를 자신의 회사에서 개발하여 판매하면서 회사 일에도 일조가 되었다고 한다. 몸에 좋다는 데에 비해서 값은 그냥 식초 값이니 부담 없이 살 수 있고 먹기도 편하니 좋다.

100세시대의 인생 로드맵 부활

제1판 1쇄 인쇄 2011. 9. 9
제1판 1쇄 발행 2011. 9. 19

지은이 | 조용상

펴낸이 | 우지형
기 획 | 곽동언
펴낸곳 | 나무한그루
디자인 | Gem

주소 | 서울시 마포구 동교동 165-8 엘지팰리스빌딩 727호
전화 | (02)333-9028 팩스 | (02)333-9038
E-mail | namuhanguru@empal.com
출판등록 제313-2004-000156호

ISBN 978-89-91824-26-3 03320